哲学的好奇

大人，机器和他们

姜宇辉◎著　　夏天姣◎绘

北京科学技术出版社

100层童书馆

图书在版编目（CIP）数据

哲学的好奇.大人，机器和他们 / 姜宇辉著 ；夏天姣绘 . —北京 ：北京科学技术出版社，2023.9

ISBN 978-7-5714-3068-9

Ⅰ. ①哲… Ⅱ. ①姜… ②夏… Ⅲ. ①哲学—中国—儿童读物 Ⅳ. ① B2-49

中国国家版本馆 CIP 数据核字（2023）第 091242 号

策划编辑：郑宇芳　樊文静
责任编辑：樊文静
封面设计：沈学成
图文制作：杨严严
营销编辑：赵倩倩
责任印制：吕　越
出 版 人：曾庆宇
出版发行：北京科学技术出版社
社　　址：北京西直门南大街 16 号
邮政编码：100035
电　　话：0086-10-66135495（总编室）
　　　　　　0086-10-66113227（发行部）
网　　址：www.bkydw.cn
印　　刷：天津联城印刷有限公司
开　　本：710 mm × 1000 mm　1/16
字　　数：100 千字
印　　张：10.25
版　　次：2023 年 9 月第 1 版
印　　次：2023 年 9 月第 1 次印刷
ISBN 978-7-5714-3068-9

定　　价：48.00 元

开篇词

这将是一场"求真爱智"的哲学冒险。在开始这趟新奇、刺激的旅程之前，我们先来探讨两个问题：第一，作为孩子，你为什么要学哲学？第二，我为什么要给孩子讲哲学？

你为什么要学哲学？答案很简单。因为哲学对你的学习和生活来说有实实在在的用处。我大致列出学习哲学的三个用处：

一是提高思考能力。其他学科，比如语文、数学、英语等，培养的是语言表达、逻辑思维等某一方面的能力。只有哲学能在不同的学科之间搭建桥梁，让所学知识融会贯通，从而孕育出综合的、整体性的思考能力，培养你爱思考的习惯。

二是培养反思精神。无论是苏格拉底的"认识你自己"，还是《论语》里的"吾日三省吾身"，说的都是人要有反思精神。哲学为你提供了一个思考自我、探索自身的机会，这有利于你人格的健康成长。

三是拉近你和家人之间的距离。学习哲学，尤其是和爸爸妈妈一起学习哲学，是一个难得的家人之间互相了解和沟通的机会。

我为什么要给孩子讲哲学？孩子真的有必要学习那些大人都觉得抽象、难懂的哲学知识吗？我的回答是肯定的——需要学习，原因有三个：

首先，哲学是一门独立且历史悠久的学科，本身就有深厚的知识和人文的积淀。如果你不了解历史上伟大的哲学家的著作中所传达的哲思精神，就谈不上学过哲学。而且，在学习哲学的过程中，你不仅能积累知识，还能接受人文精神的熏陶。当你了解了伟大哲学家们的生命故事、思想点滴之后，你会对人类精神的发展有深刻的体悟和崇高的敬意，你也会成长。

其次，如果你想真正开始哲学的思考，必须具备辩证能力、推理能力、论证能力……而只有真正的哲学家才能教会你这些本领，只有古往今来的哲学名著才能引领你找到心中那些疑问的清晰完整的答案。

再次，我是一个父亲，在和我女儿的交流过程中，我深切体会到哲学给她带来的益处。同时，我也是一个法国哲学的研究者。法国的哲学教育享誉世界的一个重要原因，是它极为重视哲学史教育和人文精神的培育。我非常希望能和你一起分享我自己熟悉并擅长的内容。

接下来，我要谈谈这本书的讲述方式。我在这本书里做了一些新的尝试：

第一，我采用了大量的对话形式。这既是为了活跃气氛，同时也秉承了从苏格拉底开始的辩证式的哲学思考方法。

第二，我试图更贴近孩子的日常生活，选取适合孩子的哲学道理。书中很多对话的内容和素材都是来自我的生活，来自我跟女儿，以及周围小朋友的对话。我选取这样的内容，是想让哲学鲜活起来，让你知道哲学不应该被束之高阁，希望你能感同身受，发现哲学就在你身边。

第三，表现形式的多样化。你在这套书里会看到各种各样的表现形式，有论证、对话，还有童话、科幻故事等。我想通过这些多样的表现形式，呈现出哲学思考本身的魅力和活力。据我了解，很多小朋友之所以对哲学敬而远之，是因为他们接触的哲学往往都太抽象、太枯燥。本书中那些或长或短的故事，就是我初步的尝试和探索，我努力把新奇、有趣的哲学展现在你面前！

这套书共分三册，分别围绕自我、他人、世界这三个主题层层展开，从小到大、由己及人。围绕这三个主题，我选取了哲学史上一些经典的命题，通过哲学家的生平、基本哲学思想，以及它们跟你日常生活的关系，来讲解那些重要命题中蕴含的道理。希望你读过这套书之后，能清晰明确地表达自己的见解，回应根本的问题，与他人协商或论辩。同时，也希望你能掌握思考的方法和技能，并让它们为你的学习和今后的人生带去帮助。

哲学是一门魅力无穷的学问，真心希望你能喜欢上它，也衷心希望我能跟你成为心灵上的挚友。

开卷有益——让我们一起踏上旅程！

姜宇辉

目　录

第一讲　过犹不及

最终的目的不是最后才有的　2

知道为什么做　12

第二讲　知识就是力量

为什么要读书　20

从个别的事物里找到普遍的规律　27

第三讲　为什么总有那么多"应该"

应该就是你必须做的事情　36

人人都有同情心　47

第四讲　人是机器吗

心灵让人拥有自由　56

与机器和平共处　66

i

第五讲　为什么我不能随心所欲

学会好好说理　74

真正的自由，真正的快乐　84

第六讲　自由自在的命运

我做主　96

人是一种应该被超越的存在　106

第七讲　语言是生活的形式

语言是一个很有趣的哲学主题　116

遵守语言的"游戏规则"　126

第八讲　我又做噩梦了

梦是愿望的达成　138

梦里的我　148

第一讲
过犹不及

生活里的很多事情往往没有绝对的标准，但有一个大致的对和错的范围，你只有在这个范围里去做事情，才是对的。

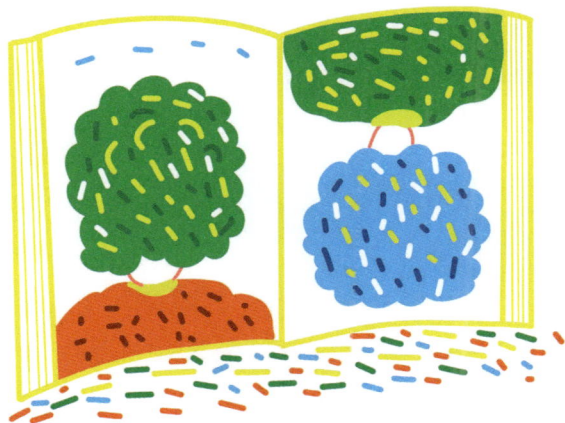

最终的目的不是最后才有的

在这本书里，我们要讲的主题是"他人"。也许你会觉得这个词有点儿怪，那就改成"别人"吧。我们一起来想一想，应该怎么和别人相处。

你从出生就跟家人——爸爸妈妈、爷爷奶奶、外公外婆生活在一起，上了幼儿园和小学后还会认识学校里的老师和小伙伴。可以说，越长大，认识的人就越多。那么，你应该怎样跟身边的人相处？怎样让别人理解你的想法？怎样跟别人交流？怎样交到更多的好朋友呢？这些问题背后的道理，上课的时候老师们会讲，在家里爸爸妈妈也会讲，但是我想告诉你，这些问题都属于哲学里很重要的一个领域——伦理学。你应该有一门课——道德与法治吧，这门课的内容就属于伦理学。在这门课上，老师会告诉你，什么事情"应该做"，什么事情"不应该做"。

伦理学讨论的就是"应该"和"不应该"、"好"和"坏"有关的问题。你做了应该做的事情，别人会夸奖你，会喜欢你，以后也会愿意帮助你。你做了不应该做的事情，就可能会伤害别人，让别人伤心，大家就不会喜欢你，甚至远离你。

在这本书里，我会围绕几位哲学家的命题来和你聊一聊伦理学，希望你读完以后能有收获，变成一个快乐的孩子。

　　我们从古希腊哲学家亚里士多德开始。我先介绍他的生平，再通过对话的形式讲解他的一个重要的概念——目的。

　　我们知道亚里士多德是古希腊的哲学家，他除了有哲学上的成就之外，还很喜欢研究科学问题，这可能跟他的家庭背景有很大关系，他爸爸是国王的医生，地位非常高。亚里士多德从小就对医学特别感兴趣，喜欢做实验，观察自然。后来他到柏拉图的学园学习哲学，不仅成绩优秀，而且很有探索精神。虽然他非常崇拜老师柏拉图，但他也不是老师说什么就信什么，而是喜欢自己坐下来认真读书，仔细思考老师讲过的知识。如果发现老师说得不对，他会很有胆量地反驳老师。为了真理，师生之间可以展开激烈的辩论。你也许听过一句话："吾爱吾师，吾更爱真理。"这句话的意思是，虽然我很爱我的老师，但如果老师说错了，我就必须反驳他！因为真理才是最重要的！

亚里士多德在柏拉图的学园里待了二十年，写了很多文字来赞美柏拉图。中国有一个成语"伯乐相马"，它指的是如果你能遇到一位好老师，带领你好好学习，教你好好做人，那就是你人生中很重要的一件事。对亚里士多德来说，柏拉图就是这样的一位好老师。

亚里士多德离开学园以后，做了亚历山大大帝的家庭教师。亚历山大大帝是一位非常厉害的国王，他率领军队建立起一个庞大的帝国，

据说，他一度把帝国的边界推进到印度的恒河！可以说，亚历山大大帝后来能变得这么厉害，是因为小时候跟着亚里士多德认真学习了哲学，因此他也称得上是一位"哲学家皇帝"。

后来，亚里士多德在雅典创建了环境优美的吕克昂学园。他上课时，经常讲着讲着兴奋了，就跟学生们一起走到林荫道上，边走边讨论哲学问题，所以后来人们也把他和吕克昂学园里的学生们叫作"漫步学派"。不过亚里士多德可没有整天就忙着"漫步"，他写出了很多精彩的哲学书。

孔子曾说"过犹不及"，指事情做得过分了，跟做得不够是一样的，都不好。类似的话亚里士多德也说过。对亚里士多德来说，"过犹不及"是一个很重要的伦理学问题。

你想一想，爸爸妈妈在管教你这件事上的尺度把握得怎么样？是不是介于放任自流和严厉管教之间？

他们肯定不能完全不管你，因为你的素质再好、天赋再高，放任自流的结果肯定好不了。有的书鼓吹好孩子不是培养出来的，对此我是半信半疑的。

与放任自流相对的是另外一个极端，就是管得太严、太多、太死，最后完全压抑了你的自由天性。这种后果同样也是很严重的，有可能导致你没有主动性和创造性，你就像一个拉线的小玩偶，爸爸妈妈拉你一下，你就动一下，他们往哪里拉，你往哪里走。在这种被管得太严的状态下，你可能会很乖、很懂事，但你也可能会失去自我，无法做自己。你会表面上对爸爸妈妈言听计从，背地里却在偷偷摸摸地按自己的心意做事。长大后你可能会成为一个有成就的人，但你的人格是分裂的，你不知道该怎样跟别人坦诚相待，因此你有可能交不到可以托付真心的朋友。

所以，放任自流和严厉管教这两个极端都会导致可怕的后果。这恰恰就是亚里士多德的意思。虽然他在《尼各马可伦理学》里没怎么谈儿童教育，但他的哲理对所有人都很有启发。那么怎样才能在这两个极端之间找到平衡呢？也许亚里士多德关于"中道"的说法会对我们有帮助。

为了更好地理解"中道"这个概念，我们先要做一些准备工作。我们请出两位小主人公小苏和小德，让他俩来进行一次哲学对话，我们来看看他俩是怎么聊"目的"这个重要的哲学概念的。

小苏：小德，你们女王那个关于儿童教育的视频在网络上很火！我很喜欢她！

小德：我们自然星球的人也都很喜欢她！你还没听过她在新年晚会上唱的那首《自然之歌》吧，很好听！

小苏：好，我回头就去搜搜。不过小德，我想到一个问题，你说你们女王那么厉害，她付出了哪些努力啊？是不是每天早上天不亮就起来背单词、跑步，然后还要学钢琴、古琴、奥数、围棋……

小德：哈哈，女王好像生下来就有"女王范儿"。反正我们没怎么见过她努力，她好像很"自然"地就成了女王。

　　小苏：我也很想成为她那样厉害的人！每个视频都有几乎全宇宙的人点赞！无论走到哪里，人们都会夹道欢迎！

　　小德：要想达到你的目标，我觉得有两种方法。一种是通过学习。从小爸爸妈妈就给你定了一个目标——成为一个各方面都很厉害的人，并且给你制订了一个从幼儿园、小学、中学、大学的培养计划，什么时候应该学什么，什么时候应该做什么，怎样补充营养，怎么跟别人交际，爸爸妈妈都仔细地写在了本子上。你按照这个计划一步步走就可以了。用哲学家亚里士多德的话来说，达成你的目标是目的，为了这个目标而进行的各种各样的学习是手段。

　　小苏：目的和手段的关系我懂。不过这种关系还挺复杂的。

比如，我每天早上好好吃早餐，是为了身体健康，那么吃早餐就是手段，身体健康就是目的。但接下来我还可以问，身体健康又是为了什么呢？应该是为了能够在学校里好好学习，因为生病了可就没办法学习了。这么一来，身体健康就成了手段，学习就变成目的了。

小德：你还可以继续问下去。学习又是为了什么呢？为了能进入一所好的中学，那进好中学就是目的，学习又成了手段。目的和手段还可以一环一环地延伸下去：上中学的目的是能上大学，上大学的目的是能找个好工作，找个好工作的目的是能赚钱养家……

小苏：嗯，但是这样无休止地问下去，最终的目的是什么呢？比如，吃饭、读书、工作、赚钱，这些最终都是为了什么？这个最终的目的才是最重要的。

小德：最终的目的？你刚才不是说了，就是成为一个厉害的人啊！成为你从小到大一直梦想成为的那个人！

　　小苏：对啊，所以我发现，最终的目的不是最后才有的，而是一开始就已经在我心里种下了种子！我从一开始就有"成为一个厉害的人"这个梦想，然后一步步努力，最后变成我梦想的样子！这就是亚里士多德说的"内在性目的"，为达到这个目的而使用的手段就是"工具性目的"。

　　小德：我……不知道你在说什么，我先走了，晚上我们星球还有足球联赛，我可不能错过！

一起思考吧

　　请坐下来跟爸爸妈妈聊一聊，你今天做的所有事情中，哪些是"好"的事情，哪些是"不好"的事情？你评判"好"和"不好"的标准是什么？爸爸妈妈是否认同你的标准呢？

知道为什么做

2020 年高考，全国 II 卷的作文题目引用了英国诗人多恩的诗歌《没有人是一座孤岛》。这个题目一出来，大家都惊呼，这难道是让考生去写哲学论文吗？

同年，上海的高考作文题——世上很多重要的转折是在意想不到时发生的，这是否意味着人对事物发展进程无能为力？这个作文题的哲学味道是不是更浓？

我们就借上海的高考作文题，让亚里士多德给小苏、枚农和小德上一节作文课。当然，这节作文课实际上还是哲学课，因为课上要讲亚里士多德的两个重要概念——实践智慧和中道。这两个概念你现在可能完全不理解，不过别担心，我们有亚里士多德老师！

　　亚里士多德：同学们好！今天我们来讨论 2020 年的上海高考作文题。你们先说说自己的想法吧！

　　小德：我觉得这个题目有问题！"世上很多重要的转折是在意想不到时发生的"，这不是废话吗？想好了再发生就不叫意想不到了吧？我昨晚沉迷于一个好玩的游戏，我妈叫了我六次，我都没听见！现在想想，那个游戏好玩是因为我不知道下一关会跳出什么怪物，比如，我本来好好地走着，突然从旁边的树丛里蹿出来一个大怪兽！这才是意想不到的事！

　　枚农：你游戏玩得那么差，还好意思说！什么叫意想不到？没错，你不知道那个怪兽什么时候、从什么地方蹿出来，可是你肯定知道，在第二关，树丛里躲着的不是大狮子、三头兽，因为它们会在第三关出现！所以，意想不到的事情你也可以提前知道！

小苏：我觉得小德和枚农说得都有道理！意想不到的事情并非完全没办法提前知道，只不过我们没办法清楚地知道事情的全貌。就说期末考试好了，老师会出什么样的题目，确实是意想不到的，但老师不是会定考试范围吗？题目不可能超出这个范围。所以，意想不到的是考试的题目，但能够知道的是考试的范围。

亚里士多德：我觉得小苏说得很有道理，很多事情看起来是意想不到的，但你还是可以知道哪些事情是有可能发生的，哪些事情是绝对不可能发生的，并为此做好准备。就说考试吧，你知道老师可能会出很难的题目，但绝对不可能出其他年级的题目。请大家想一想，生活里是不是有很多事情跟考试、做题不一样。

小苏：我知道老师的意思！比如，考试中的题目是有标准答案的，对就是对，错就是错。但生活里很多事情就不一样了，它们没有标准答案，好像这样做也行那样做也行。就像今天的晚饭，不是一定要喝冬瓜汤，喝别的也不要紧。

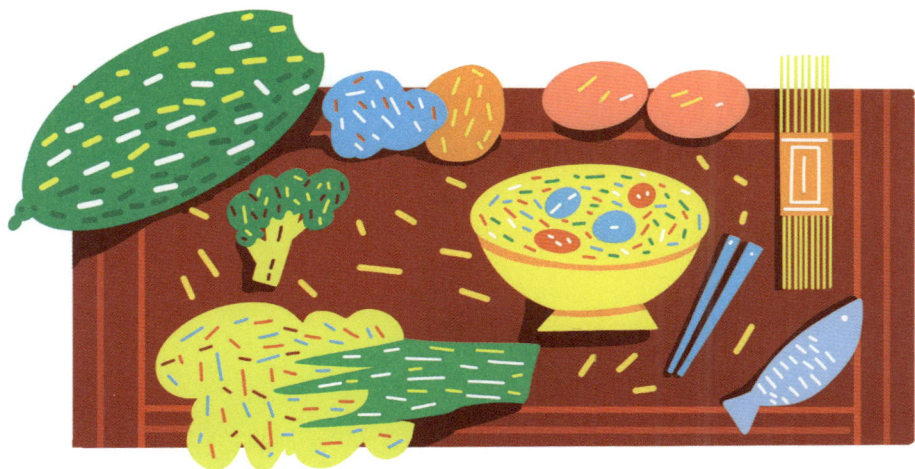

亚里士多德：小苏说得很对！生活跟考试不一样，没有标准答案，但是你也不能为所欲为，因为事情还是有对和错的标准的。比如，你今天晚上可以不喝冬瓜汤，改喝鱼汤、牛肉汤、绿豆汤，这些都是可以的，但你不能喝隔夜的汤，因为会吃坏肚子。

小苏：明白了，生活里的很多事情往往没有绝对的标准，但有一个大致的对和错的范围，你只有在这个范围里去做事情，才是对的。

亚里士多德：我总结一下，首先，意想不到的事情并非完全没办法知道，而是有一个预先可以准备的范围。其次，这个范围有两种情况，一种像考试，你最后必须按照考试范围去准备。还有一种像生活里的很多事情，你有比较大的自由度，可以在这个范围内按照自己的喜好做。第一种，我把它叫作理论智慧，第二种，我把它叫作实践智慧。我想问问大家，如果生活也像一

场考试，什么样的人最后能拿到高分呢？

小德：老师，我觉得你的话是有问题的！生活不是考试，在生活中我们可以按照自己的喜好去选择做什么，因为生活中的情况太复杂了，完全没有办法事先准备！

亚里士多德：小德说得很有道理！但是我们真的没办法为生活这场考试做准备吗？生活中的情况和标准确实很复杂，但我觉得最有用的一个做事原则就是"中道"！就像你搭积木时，要一块块搭上去，每一块积木都有它自己的位置，力量要平衡，否则积木就会倒下来。生活里也有很多"积木"，你就应该用"中道"这个原则，把它们一块块地平衡地垒起来。

枚农：老师，我觉得你说得不对！做任何事情都不能只到中等水平，一定要努力做到最好！比如赛跑，我就是要第一个冲过终点线，总不能随便跑跑就行了吧？

小苏：我也觉得是这样。就说考试吧，肯定要考前几名，如果名次排在中间，我一定会被妈妈批评的！

　　亚里士多德：你们两个说得都对，但是这两个例子都是考试！赛跑也是考试，因为最后有一条终点线，它就相当于标准答案，而且无论是赛跑还是考试，参与者最后都要按照成绩排出次序。生活跟考试是很不一样的。考试是为了什么？是为了拿高分。拿高分是为了什么？能上一所好的中学，然后你就可以找到好工作，就可以……

　　小德：我知道，这个我们昨天讨论过了，小苏说她的最终目的是成为像自然星球的女王那样厉害的人！

亚里士多德：所以生活才是我们最终的目的，就像小苏最终的目的是成为一个厉害的人，那么，考试对于她来说就只是手段。当你用"中道"这个原则思考的时候，清楚目的是至关重要的。只有知道为什么做，才能做得恰当。

这节作文课还在继续，在我看来，好好想想"意想不到"是什么意思，才能对应着做出不同的准备。在准备的过程里，遵循"中道"这个原则应该是一个不错的方法。

第二讲
知识就是力量

掌握了规律，我们就掌握了知识，就会更有力量。

为什么要读书

这一讲我们聊聊英国著名哲学家培根和他众所周知的命题——知识就是力量。我相信你肯定听过这句话。

可能你一直有一个疑问：我为什么要读书？我想你之所以有这样的疑问，可能出于两个原因：你觉得学习没意思，不好玩；你觉得学习没有意义，对自己没有帮助。

我们来想一想"知识就是力量"的原意。这里的"力量"是什么意思？在人身上有几种很重要的力量。第一种是身体的力量，简单说就是体力。你身边肯定有很多体力好的伙伴，他们可能跑得比你快，跳得比你高，扔沙包也比你远。而且，他们吃饭时像小老虎一样，胃口很好。不学习的时候，他们总是喜欢跑跑跳跳，不喜欢坐在桌前看书、画画、写字。

但人类如果只有体力，只凭借体力，能不能在地球上生存呢？好像很难吧！你想，连恐龙那么大的生物都灭绝了，更别说人类了。站在博物馆里巨大的恐龙化石面前，人类显得很渺小。

所以，单说体力的话，人类没什么可以自豪的。论速度，人类跑不过猎豹；论视力，人类比不过老鹰；论游泳，人类追不上海豚；甚至论饭量，人类也比不过大型动物，你想想，一头鲸鱼一张嘴能吞下多少小鱼小虾？

　　人类体力这么差，凭什么能在地球上存活这么久，而且数量越来越多？人类是不是还有另一种力量，这种力量极其强大，可以让人类成为在地球上独一无二的智慧生物？

　　人类这么厉害，靠的是什么力量呢？培根的这句"知识就是力量"能回答这个问题。人类靠知识在地球上生存，靠知识去探索太空。

　　知识怎么会有这么大的力量呢？说起体力，你很容易理解，跑步、跳远、拔河，这些活动都需要体力。教材上的数字、图形和文字都是知识，可是这些能变成人类可以使用的力量吗？

　　根据培根的说法，知识能帮助我们认识自然和世界的规律。规律是一个很重要的词，我来详细解释一下。

我小时候听过一个关于达·芬奇的故事。达·芬奇是意大利文艺复兴时期很厉害的大画家，据说他十几岁的时候，就拜了很有名的画家韦罗基奥为师。拜师后，达·芬奇以为可以一下子从老师那里学到很多绘画技巧，超过身边的人，但韦罗基奥第一节课什么都没讲，而是拿了一个鸡蛋让达·芬奇画。画鸡蛋有什么难的？你心里肯定是这样想的吧！达·芬奇也是这样想的，他拿起画笔，随手勾了一个椭圆，一个鸡蛋就完成了。可是，韦罗基奥看完以后什么也没说，让他继续画。一天又一天，达·芬奇就这样画了一张又一张的鸡蛋，一连画了好几年！

　　这个故事传递了什么哲理呢？第一个哲理是，学习时应该虚心，不要骄傲，不要觉得自己什么都懂。第二个哲理就深奥一点儿了，韦罗

基奥为什么一定要让达·芬奇不停地画鸡蛋？我觉得，是为了让他学着发现事物的规律。小到鸡蛋，大到宇宙飞船，世上许多事物都有相通的地方，而我们在这些相通的地方就能找到规律。比如，在数学课上，老师教给你的各种各样的解题方法就是规律，你掌握了这些规律以后，就可以很容易地解出更多、更难的题目。

画画也是这样，你画的虽然是一个小小的鸡蛋，但要画好鸡蛋需要了解很多规律，这些规律涉及几何学、物理学、生物学等领域。从小事物、小事情入手，认真仔细地观察，你就能一点点地明白大道理，也就是普遍的规律。比如，你仔细观察鸡蛋后，会产生很多疑问：蛋壳为什么是椭圆形的？小鸡在蛋壳里怎么呼吸？一点点观察，一点点提问，或许你也能慢慢地变成达·芬奇那样的大师。你以为达·芬奇只是一位伟大的画家吗？那你就小瞧他了。除了绘画，他在建筑学、生物学、天文学等领域都取得了惊人的成就。

所以，从细心观察开始，一点点地掌握世界的规律，这就是"知识就是力量"的意思。不要觉得你在书本上学习的知识都是没用的。你也许觉得做一道计算题没什么用，但是你有没有想过，科学家们在设计和制造复杂的火星车时，他们用的计算方法跟你现在学的是一样的，只不过他们的算式更复杂而已。科学家们也是从阿拉伯数字和加减乘除开始，慢慢地才学会制造复杂的火星车。

　　人类的体力和很多动物的相比都差很多，但是人类的大脑可以发现知识、掌握规律，凭借知识和规律，人类把所有的动物都远远地抛在了后面。知识是人类的另一种力量，而且是更大的力量。虽然人类跑不快，但人类可以观察、研究各种跑得飞快的动物，然后把其中的

规律运用到发明创造上，于是有了汽车、轮船和飞机。你有没有发现，路上行驶的汽车看上去就像一只只飞奔的猎豹？在天上行驶的飞机看上去就像一只只展翅飞翔的大鸟？掌握了规律，我们就掌握了知识，就会更有力量。

一起思考吧

你觉得生活中最有力量的知识是什么？你为什么觉得它是最有力量的？除了知识这种力量之外，你觉得还有哪些"巨大的力量"在推动人类社会进步呢？

从个别的事物里找到普遍的规律

通过达·芬奇画鸡蛋的故事，你已经了解了知识之所以是巨大的力量，是因为它能武装人类的头脑，让人类掌握宇宙的规律，进而能更好地利用地球上的资源，更好地生存下去。当然，很多人也会告诉你，这种想法过于自大了，好像人类就是世界的中心，可以随意地取用自然资源，这肯定是不对的。现在，人类的活动导致了很多环境问题，如果不好好保护环境，终有一天我们美丽的地球家园会消失！

不过，培根说"知识就是力量"的时候，还是给了当时的人们很大的信心和力量。它让人们知道，在自然面前不要缺乏信心、不要怯懦，人类虽然在很多方面比不上别的动物，但人类有大脑、心灵，能思考复杂的问题，能创造发明，这些都是人类的力量！只不过，不要过度使用这种力量，别忘了之前说到的"过犹不及"。认识到自己的力量，但也不要盲目地去用，要聪明地去用，合理地去用，这样我们才能与身边的人和谐相处，才能与整个世界和谐相处。

现在，我们跟着培根来进行一些有趣的思维训练，看看怎样才能聪明地把知识这种力量用好。有一天，培根突然脑洞大开，想到了一个很好的方法——归纳法。培根提出归纳法后，这一方法被科学家们反复使用，因此得到了很大的改进和提升。接下来，我们将分三个部分，来学习归纳法：观察与实验、分类与比较、简单枚举与完全枚举。

我们把重点放在观察与实验。

　　什么叫归纳法？就是从个别的事情里找到普遍的规律。听上去是不是特别简单？比如，你家的猫是灰色的、毛茸茸的，喜欢睡觉、追着球跑。然后，你去了你同桌家，又去了你最好的朋友家，你看到他们家里的猫都是这样的。所以，你就总结出一个普遍的规律：猫都是灰色的、毛茸茸的，都喜欢睡觉、追着球跑……

　　我们先不说这个规律对不对，从一只猫到几只猫，再到所有猫，这种思考问题的方法就是归纳法。归纳猫的特点只是作为一个简单的示范，真正的归纳法是很严谨的。我们跟着培根一步步来学习。

　　我们先来看看怎样观察与实验。实验要用到各种实验工具，观察

却不一定。比如，你想观察你家的猫，就不需要特别的实验工具，只要睁大眼睛，好好看就行了。但你如果想要观察夜空中的星星，光用眼睛是不行的，你还要用望远镜。如果你想要观察距离地球很远的星星，还要借助天文望远镜。不过，使用工具的活动也不一定就是实验。实验还需要两个重要条件，一是目的，二是选择。如果你是一位很聪明、很有名的猫学家，你想归纳出所有猫的普遍规律，应该怎么做呢？也许你会去全世界旅行，观察各个地方的猫，看看它们是什么颜色的，它们每天几点睡觉，它们平时喜欢吃什么、玩什么，然后把观察到的细节认真记下来，写成一本厚厚的《猫的百科全书》。

但地球那么大，国家那么多，你能见到的猫数也数不过来，要怎么归纳呢？你要先想一想，你的目的是什么？你为什么想知道猫的普遍规律，为了更好地造福它们、给它们建造舒服的窝、给它们吃最可口的猫粮……哪一个是你的目的呢？

明白了目的之后，你在归纳的时候就不用观察所有猫的所有规律，

只需要根据你的目的，有选择地去观察就可以了。比如，你如果想知道它们的作息规律，只需重点观察它们几点睡、几点起就可以了；你如果想知道它们的饮食规律，只需重点观察它们平时吃什么、喝什么就可以了；你如果想知道它们的健康情况，只需重点观察它们容易生什么病，生了病以后有什么症状，吃什么药能康复就可以了……

你看，你不仅在归纳，而且在归纳的时候是有目的、有选择的。其实，科学家们做的事情跟你差不多，比如科学家们都会观察人，但他们的目的和选择是很不一样的。营养学家关心你平时的饮食习惯，生理学家可能更关心你的作息规律。

现在，你明白了吧，实验跟观察的区别是，实验是有目的、有选择的。

但一项科学的实验还要有两个前提。第一个前提是，把影响、干扰观察的因素尽量排除。比如，你想知道猫的作息规律，它们几点钟睡、几点钟起，但你家里有两只猫，还有两只柴犬跟这两只猫每天打打闹闹，这种情况下想要进行准确的观察就很不容易。

你应该怎么做呢？你要先把那些干扰你观察的狗都赶走，让你的猫能不受影响地按照它们本来的习惯去睡觉、起床、吃饭。你可以把狗关在家里其他地方，还可以把它们暂时寄养在好朋友家里，这样总结出来的猫的作息规律就更科学。

实验的第二个前提是，模拟出在生活中很难或根本不可能实现的条件。

想一想，你如果是一位研究猫的科学家，想知道它们怕什么，比如怕光还是怕黑，会有什么样的反应等。如昊你想要了解这些，仅仅把狗与猫隔离开是不行的，还要找来猫可能害怕的东西，创造让它们感到害怕的环境，这并不容易！难道你为了知道猫怕不怕狼，见了狼

以后会有什么反应，真的牵一匹狼来？这时你就需要一间"猫实验室"了。你可以在这里模拟各种各样的情况，而且万一出了什么意外你也可以控制。比如，你在屏幕上展示一匹狼的形象，或者你的实验室很高级的话，你还可以做出一匹很逼真的机器狼，看看猫见到它会有什么样的反应。

现在你明白为什么科学家要做实验了吧？他们是为了更好地观察，更好地归纳出规律。但是，仅仅有观察和实验还不够。你还需要培根的另外几个有用的方法。

比较就是一个很有用的方法。你可以比较不同地方的猫，看看它们的作息时间有什么不一样，它们喜欢吃的东西有什么差别。你还可以一点点地拓展比较的范围，不止比较不同的猫，而是比较猫和狗，或者比较猫和其他的小动物。比较做得越多，比较的范围越大，你最后归纳出来的规律也就越准确。举个简单的例子。妈妈带你去买衣服，问你喜欢什么颜色，你喜欢一种很特别的蓝色，一下子也说不出是哪一种。你可以拿起手边的一本书，指着上面的图片给妈妈看："有点儿像这个颜色，但比它深一点儿。"你用的方法就是比较。当你想要更清楚地说明一件事情的时候，跟别的事情做比较是一个很好的方法。

说到这里，你可能会感觉归纳法好像不那么可靠。如果你一只猫一只猫地去观察，难免会有看花眼的时候，而且到最后，你归纳出来的规律还不一定正确。有一个哲学故事是这样的，在很长的时间里，人们见到的天鹅都是白色的，所以人们归纳出一个规律：天鹅是白色的。但突然有一天，在一个很遥远的地方，科学家竟然发现了一只全黑的天鹅，打破了关于天鹅颜色的规律。

这就涉及到简单枚举和完全枚举了。你可以去了解一下简单枚举和完全枚举，好好想一想，发现了黑天鹅的科学家应该怎么办呢？

第三讲
为什么总有那么多"应该"

只有我们每个人都真心关心别人、关爱别人，才会有"应该"。

应该就是你必须做的事情

下面，我要讲讲英国哲学家休谟。关于休谟，你只要记住三个知识点就行了：第一，他是英国经验论的代表人物；第二，他写的《人性论》很有名；第三，他是一个怀疑论者。

我重点讲一下怀疑论。什么样的人是怀疑论者呢？简单来说，就是这个人喜欢挑刺、喜欢找碴、喜欢提问题。读到这里，相信你已经有了这样的感觉，哲学家很喜欢怀疑，明明事情很简单，哲学家非要"鸡蛋里面挑骨头"，提出各种各样的疑问。

那么，是不是任何时候怀疑都是好的，都是对的，都是有用的？我认为不一定。有时候，怀疑能起到打开眼界的作用，是解决问题的好方法。比如，你在做一道很难的数学题，做了快半个小时，还是一点儿思路都没有。这个时候，你开始怀疑了，是不是这个题目出错了？是我自己没仔细看题，还是老师教的方法不太对？……你的小脑袋里一下子涌现出一堆问号。这是好事！总比你硬着头皮沿着错的思路走下去要好。所以，怀疑、提问、停下来想一想下一步要往哪里走，这些都是很好的习惯，甚至是很聪明的做法。当你遇到障碍的时候，怀疑就像一盏明灯，可以让你看清前方——原来在那个方向还有一条路，我原来怎么就没看到呢？这是好的怀疑，聪明的怀疑。

但是有的时候，怀疑不但对你没帮助，而且还会起到反作用，阻

碍你的学习和生活。比如你今天不想学习，不想做作业，就想躺在床上玩游戏。你妈妈肯定会说："快起来学习，写作业！锻炼身体！整理房间！"你摆出一副怀疑论者的样子说："学习有什么用？学了那么多，哪个用得上？锻炼身体有什么用？出了一身汗，再吹空调还会感冒呢！整理房间有什么用？整理完照样会乱！"你的这些怀疑好像一点儿好处都没有，因为你一旦开始怀疑，就什么事情都不想做了。怀疑就像一堵厚厚的围墙，把你和周围的世界隔开了。你像一只缩头小乌龟，只会躲在自己的世界里，完全不想走到外面真实的世界里。长此以往，你会越来越懒，越来越没有勇气和信心，这肯定不是一件好事。所以，

这样的怀疑就是不好的，希望你学会让自己变聪明的怀疑，千万不要用上让自己变懒的怀疑。

其实，这一好一坏两种怀疑在哲学家那里早就有了。好的怀疑是激发思想的有力工具，不好的怀疑是让人缩手缩脚的枷锁。哲学家笛卡尔的怀疑是好的，它可以帮助我们找到智慧之树的根、知识大厦的地基。但是，哲学史上也有一些怀疑论者，比如古希腊哲学家皮浪，他的怀疑是不好的。据说有一次，皮浪跟别人一起坐船出海，途中遇到了很大的风浪，船马上就要翻了，身边的人吓得尖叫哭喊，但皮浪一点儿反应都没有。为什么他没有反应呢？按照他的那一套说法，他当时可能会说这样的话："害怕有什么用啊？无论你怕还是不怕都没有用，因为你左右不了大自然。风暴那么大，我们干脆就坐在这里听天由命吧！做什么都是没有用的。"他也可能会这样说："风暴是真的吗？大海是真的吗？世界是真的吗？如果不是真的，又有什么可怕的呢？干脆眼睛一闭，大海、风暴、世界，就都消失了。"

　　这样的怀疑论对你的人生没有什么帮助，因为说到底皮浪就告诉

你一个道理：不用去行动，行动也没有用。不用去学习，可怜的人类是认识不了世界的。不用去跟别人交朋友，一个人就很好。像皮浪这样的人是不是很不招人喜欢？

休谟是哪一种怀疑论者呢？他看上去跟懒惰的皮浪有点儿像，因为他怀疑了一件重要的事情，那就是"应该"。你现在还小，在家里被爸爸妈妈管，在学校里被老师管，所以你每天听到最多的一个词大概就是"应该"了吧。"你应该好好学习！""你应该乖乖吃饭！""你应该锻炼身体！""你应该把房间整理得干干净净！"应该、应该、应该……好像你做什么事情都要先查一下《中小学生日常行为规范》，看看到底"应不应该"？

其实，像我这样的大人，每天也会听到很多"应该"。虽然我是一个大人，但在我的爸爸妈妈眼里，还是一个不懂事的孩子，所以我回家看望他们的时候，他们还是会经常说，你应该做什么。我是一个大学老师，在学校里，有时候领导也会坐下来跟我谈心，说这件事情不应该做。我还是一位丈夫，在家里，妻子有时候也会觉得我应该做的事情没做，她会批评我。

所以，无论是大人还是孩子，我们每天都会被生活里的各种"应该"牵着鼻子走。既然生活里有那么多"应该"，是不是说明"应该"很重要，并且很有用？如果离开"应该"，我们的生活可能会变得很糟糕吧？

　　那么，什么是"应该"呢？它指的是你必须做某些事情。可是为什么必须要做呢？因为如果不这样做的话，就会对你自己，或者对身边的人造成不好的影响，甚至造成严重的伤害。在你很小的时候，爸爸妈妈会跟你说"小孩子不应该说谎"。所以，你牢牢地记住了"千万不能说谎"，它就像一道指令，被你记在了心里。每当你想说谎的时候，心里就会不舒服，你感觉仿佛有一双眼睛在盯着你。不过，也有一些孩子会对"不应该说谎"产生怀疑。因为当他说了几次谎，并且没有被人发现后，他尝到了甜头，就选择继续做一个"说谎的小朋友"了。当然，《狼来了》《匹诺曹》的故事他也听过很多次，但他根本不相信，因为他知道狼都是关在动物园里的，人的鼻子也肯定不会一会儿变长，一会儿变短。

　　但是，不管你信不信，"应该"的事情还是有很大的作用。你说了几次谎，没有被人发现，但你不可能一直蒙混过关。总有一天，你说的谎会被拆穿，到时候会有什么后果呢？也许好朋友会离开你，大家也不再相信你，心里的话不会说给你听，不会再带着你一起玩。所以"应该"就像这个世界上一双"看不见的手"，你觉得看不见它，但它无处不在。你觉得它没什么作用，但你真的做了不应该做的事情，最后的结果往往是不好的。

问题来了，休谟开了什么样的脑洞，非要来怀疑一下"应该"呢？他是唯恐天下不乱吗？如果大家都开始怀疑"应该"了，甚至都开始做不应该做的事情了，那这个世界岂不是会变得很可怕？想象一下，

如果你们班的同学都开始随心所欲地说谎，你都不知道身边的人说的是真话还是假话，你还怎么跟他们相处呢？

为了让你理解休谟的论证，我还是请出小苏和枚农吧，让他们讨论一下这个问题。小苏和枚农做完了暑假作业，天实在太热了，他们干脆就一起在房间里看书。他们翻到了书里的一个故事，两个人对这个故事的意见不一致，争论了起来。

小苏：书上说，为了生存，狼必须吃掉羊。对于狼来说，"吃掉羊"就是"应该"做的事情！怎么能这么说呢！可怜的小羊怎么办？难道就该乖乖地被大灰狼吃掉吗？这是什么"应该"？

枚农：小羊是很可怜，但是它们那么弱小，不能保护自己，被大灰狼吃掉也是没办法的事！而且大灰狼也没做错什么，它不是魔鬼，因为"吃掉羊"是它一定要做的事情，不做就活不下去。

小苏：我觉得"应该"也是可以怀疑的！虽然爸爸妈妈和老师都跟我们说，应该做的事情，你去做就行了，别想东想西！小朋友就应该乖乖听话，做一个好孩子！但"应该"也是有范围的，我们觉得应该做的事情可能对别的人来说不一定是应该的。就说开车吧，在中国，汽车的驾驶座"应该"在左边，可是去年我们去伦敦玩，看到的汽车的驾驶座都在右边，你说是不是很奇怪？

枚农：不奇怪啊！狼觉得应该做的事情，羊觉得是不应该做的。反过来也一样，小羊觉得应该做的事情，对于狼来说就是不应该做的！

小苏：你现在说话越来越有道理了！是不是因为读了哲学书之后变聪明了？

枚农：不是啊！我没读哲学书之前就开始怀疑了，比如，有一天，爸爸说："你看看你的考卷，错这么多，小学生就应该认真学习，听到没有！"我不服气地反驳道："爸爸你就知道说应该这样做应该那样做。我知道有一个星球的孩子就不用念书，他们天天跑跑跳跳，打球和玩游戏。在那里，学习就不是应该的，快乐地玩才是应该的！所以你们说的'应该'只是你们的'应该'，只是这个地方的'应该'！"

小苏：我看你真是话太多了……

枚农：哈哈，爸爸说了这么一句："你那么喜欢那个星球，那你有本事到那里去啊，你在我们这里，就必须遵守我们的'应该'！"……

 一起思考吧

你可以再举几个生活中"应该"的例子，和你的爸爸妈妈讨论一下，说说它们为什么是"应该"的。

人人都有同情心

在狼和羊的故事里，出现了两个"应该"，狼的"应该"和羊的"应该"，这两个"应该"是彼此冲突和对立的。最后听谁的呢？如果就像在动物界那样，谁的力量大听谁的，谁厉害听谁的，最后肯定是狼吃了羊。

这个问题在自然界是有一个解决办法的，不知道你想到了没有。在人类的世界里，如果有谁靠自己的力量去侵害别人，肯定会被周围的人指责唾骂。在自然界就不一样了，自然界中存在食物链，简单来说，就是大鱼吃小鱼，小鱼吃虾米。那虾米吃什么呢？也就只能吃水草和小虫子了。所以，在自然界，有专门食肉的动物，比如狼；有专门食

草的动物，比如羊。狼要吃羊，羊要吃草，这样一环扣一环，自然界才能保持平衡。如果有一天狼不再吃羊，开始吃草，那么自然界的平衡就要被打破了。

所以，到底应该支持狼还是羊，完全是人类自己编出来的问题。人类把自己的思维方式带入了狼和羊的世界，才会提出这样的问题。真正生活在自然界里的狼和羊，根本不关心这些问题。

为什么有"应该"？休谟的答案很简单，他认为这是因为人人都有同情心。下面我们还是用对话的方式，由小苏和小雪来谈谈生活里会碰到的"应该"与"不应该"的问题。我们还是从提出"怀疑"开始，在对话的最后你会得到一个满意的答案。

小苏：小雪，你今天穿了新衣服啊！

小雪：是呀。这件毛衣是我妈妈特意从国外给我买的。我想每天都穿着它，但又舍不得，怕弄脏。

小苏：其实……我今天一直都想告诉你，但又不好意思说，我觉得你穿这件毛衣不好看……

小雪：你的喜好不是一直都跟我一致嘛！怎么这次不一样了？

小苏：我可能不喜欢这件毛衣的颜色，这种黄色有点儿刺眼，看上去就像是一摊鸡蛋黄！衣服口袋还是歪歪扭扭的！

小雪：哼！我又不是穿给你看的！

小苏：你穿一件衣服，肯定不只是给自己看的，其他人也会

看到。好看大家就会喜欢，不好看大家就会不喜欢。

小雪：你喜欢不喜欢和我们要讨论的"应该"和"不应该"有什么关系？

小苏：我那天跟枚农一起读了一个狼和羊的故事，很受启发。我想，其实很多"应该"和"不应该"的背后，都是喜欢和不喜欢。当你说"应该"的时候，肯定是你自己心里觉得这样做是对的，你很喜欢这样做，你希望别人也这样做。你自己感觉到了快乐，肯定也希望跟身边的人一起分享啊！

小雪：你说的好像有些道理！

小苏：我觉得"应该"是一个很严肃、很重要的词，可是为什么重要？为什么"应该"的事就一定要做？那肯定是因为"应该"的背后还有一种更大的力量，我觉得就是"喜欢"。

小雪：你这么说，我好像有点儿懂了……

现在进入第二场对话。小雪放学了，回到家，吃饭的时候还在想着白天跟小苏的对话，有点儿走神。她夹起菜，半天都没放到嘴里。

奶奶：小雪，你在发什么呆？你看，可乐鸡翅、番茄炒蛋，这些可都是你最喜欢的菜！

小雪：奶奶，我今天心情不太好，在学校里遇到了一些事情。

奶奶：学校里的事情，就要在学校里处理。回到家就好好吃饭，你不好好吃饭，奶奶可不开心哟。

小雪：鸡翅不好吃，炒蛋不好吃！我不想吃！

奶奶：你怎么能这么说话！我让你好好吃饭是为了你好。你要是不好好吃饭，生了病怎么办？上不了学怎么办？

小雪：对不起，奶奶，我好好吃饭还不行吗？其实您不知道，我今天在学校里遇到了一些事情，我的同学说我的毛衣难看……

奶奶：小雪，其实奶奶也觉得这件毛衣不太好看……

小雪：但是我跟小苏聊完后，明白了一个挺重要的道理，就是喜欢和不喜欢有时跟应该和不应该是联系在一起的。您刚才说的"我是为了你好"，我之前一直不理解，认为大人就知道用"应该"来管我们。但是小苏的话让我明白，当身边的人对我说"应该"的时候，其实很多时候他们是关心我、爱护我，觉得我重要，要对我负责。奶奶您说得对，别人不会来管我是不是好好吃饭。要是所有的人都像一家人那样相亲相爱该多好！那时候，大灰狼也会不忍心吃小羊的，因为它会感受到小羊的伤心和痛苦！"应该"其实说的是人和人之间应该彼此关心爱护！

奶奶：小雪真是个懂事又聪明的孩子！

最后一场对话，让我们把镜头再对准小苏。放学的路上，爸爸开车来接小苏，他们毫无悬念地赶上了下班高峰的车流。汽车停停走走，喇叭声此起彼伏，还有人在争吵。

爸爸：你看前面这辆车，旁边的路那么宽，非要插队进来，司机真是没素质！

小苏：爸爸，你别生气，现在是高峰嘛！我们来听音乐吧！

爸爸：不想听！堵车让人心烦气躁的！

小苏：爸爸，其实我今天在学校里跟小雪闹矛盾了，心里不太好受，后来我觉得自己做得也不对……

爸爸：为什么？你们不是最好的朋友吗？

小苏：是啊，我也觉得自己今天说的话有点儿不合适。她穿了一件新毛衣，但我和她说她的衣服不好看，她不太高兴。

爸爸：你确实做得不太对，你没有权利管人家穿什么衣服吧？

小苏：爸爸，你这么说就不对了！还记得之前我和枚农争论的那个狼和羊的故事吗？今天我有点儿懂了，其实应该和不应该跟喜欢和不喜欢，很有关系！我为什么会跟小雪说她的毛衣难看，为什么别的同学明明也不喜欢她的毛衣，却什么都不说呢？因为她是我的好朋友，我关心她，我想跟她分享我的快乐和烦恼，我会很认真地跟她说我的想法。

爸爸：你真的长大了！

小苏：这样一来，我也能理解有的时候你们很凶地批评我，说我应该做这个，应该做那个，其实也是因为你们关心我。你们是最关心我、最爱我的家人。

爸爸：是啊，爸爸嘴里不说，其实心里真的是这样想的！其实爸爸很凶地说"应该"的时候，心里是希望你能开心快乐的。可能爸爸有时候说话太生硬了，不太理解你，但我觉得，爸爸的初衷每次都是好的……

小苏：所以，你是不是可以消消气了？你看看身边的人，他们都跟你生活在同一个城市里，每天早晚都跟你行驶在同样的道

路上，他们也不喜欢堵车。前面那个司机，他可能真的有什么着急的事情。所以，我们都应该好好开车，应该礼让别人，应该遵守交通规则，我觉得这些"应该"不是写在牌子上给别人看的，而是写在我们每个人的心里。只有我们每个人都由衷地关心别人、关爱别人，才会有"应该"，狼才会不忍心吃掉羊！

之后，爸爸开心地带着小苏，一路说说笑笑地开回了家。这是一个令人开心的结局，我们也解释了休谟是如何看待怀疑论的。

第四讲
人是机器吗

机器不是工具吗？人和机器哪里不一样，人比机器高级吗？

心灵让人拥有自由

看到这一讲的题目，你一定很纳闷。我们为什么要谈机器呢？人是机器吗？机器难道不是工具吗？

你有疑问很正常。之所以要聊这个话题，主要还是因为机器在我们的生活中起的作用越来越大。你可能听说过一个词"人工智能"，英文简称 AI。苹果手机里的 Siri、百度的小度等都是 AI。你跟它们说话，它们基本都能听得懂，而且还能按照你的指令去做事情。你做作业的时候遇到一个不认识的英文单词，可以跟 Siri 说："Siri，帮我查一下 chair 是什么意思？" Siri 很认真、很勤奋，无论你跟它说什么，让它做什么，它一点儿脾气都没有，很有耐心。

Siri 和小度都是机器人，它们不具有人类的外形，能坐在你面前，能在你身边走来走去。但是，它们说起话来跟真人没多大区别。你想象这样的场景，放假了，你在家里无聊，打电话给你的好朋友小苏，但是电话拨通之后，那边接电话的姐姐的声音很陌生。她很有礼貌地跟你说："她今天不在家，跟妈妈一起去上英语补习班了，你有什么事情吗？我可以帮你转告她！"这个姐姐的声音很温柔，你忍不住跟她聊了一会儿，她好像知道小苏的很多事情。后来你问小苏，她家里这个陌生的姐姐是谁，小苏神秘地说："那不是真的人，它是我们家新安装的机器人，家里没人的时候，它负责接电话。"

现在，你可能有点儿困惑，这真的是机器人吗？为什么声音这么温柔？说心里话，这个机器人好像比一些冷冰冰的大人更亲切。你甚至想在自己家里也安装一个这样的机器人。

　　其实哲学家们从很早以前就开始探讨这个问题了。"图灵测试"就是这一类的思想实验。你可以想象一下：你面前有一间屋子，有人告诉你窗户后面坐着一个人，你看不到他的脸，只能听到他说话的声音，你有什么办法判断他是真人还是机器人呢？

　　我想有的小朋友肯定会说："这是机器人还是真人没什么关系啊，只要跟他聊得开心，玩得开心，他就可以做我的朋友！"这是一个很好的想法。就算对方是机器人，但只要它让你感到开心快乐，你就可以把它当成好朋友。这跟人和动物的关系是一样的。我们小区里总有很多流浪猫，下雨的时候，它们在雨中瑟瑟发抖，很可怜。小区里有一位很善良的奶奶给它们搭了一个小房子，还经常喂它们。有人问奶奶："为什么要对小猫那么好。它们整天待在外面，刮风下雨对它们来说应该不是问题吧？"奶奶说："它们虽然不是人，但是它们跟我们生活在同一个小区里，我们应该善待跟我们一起生活的小动物！"

　　我听了以后觉得这个道理也可以用在包括机器人在内的各种机器身上。机器跟我们人类很不一样，它们不用吃饭、不用睡觉、不会发脾气，也从来不会生病。但是，它们整天和我们在一起，帮我们做各种各样的事情，它们就是我们的好伙伴、好帮手，我们应该善待它们。

说到这里，我们就来聊聊这一讲的题目——人是机器吗？这句话是法国哲学家拉美特利说的，他还写了一本书来讲解其中的道理。前面我已经说过，机器不是人，它跟人有很大的区别。你可能会说，谁要做机器啊，我要做人，做人多快乐、多幸福，能够到处去玩，吃很多好吃的东西，看好多有意思的书和动画片！当机器多没意思，主人让你做什么你就做什么！像 Siri 这种人工智能机器人更可怜，只能被关在手机里，哪里都不能去！

我们可以想一想人和机器哪里不一样，人比机器高级吗？想明白这些问题很重要，因为这能让我们更了解自己，也更了解机器，这样才能让人和机器和谐相处。就像那位喂猫的奶奶，她爱小猫，也愿意去亲近它们，了解它们的生活习惯，感受它们的喜怒哀乐，这样才能

跟小猫一起快乐地生活。

但是哲学家拉美特利可不这么想，他偏认为人是机器。你想不想做个小哲学家？那么这次你就开动小脑筋，好好地反驳一下任性又固执的拉美特利吧！

我先把他的两个证明写出来，然后我们再一点点反驳他的观点，最后让他"举手投降"。注意，读完下面的每段引文之后，我建议你先想想，你是否同意，如果同意，原因是什么；如果不同意，原因又是什么。这是一个很好的思维训练。

拉美特利说，人体是一台会自动运行的机器，一台永动机的活生生的模型，体温推动它，食料支持它。没有食料，最终会导致心灵渐渐瘫痪，徒然疯狂地挣扎一下后，最终倒下死去。

在这段话里，拉美特利用的方法是做比较。这是一个很有用的方法。比如，你在读书的时候碰到了两个很难的生字"瘫痪"。如果你手边没有字典，就猜一下这两个字的意思。有一个很好用的方法，就是比较，用你认识的、学过的字和这两个字进行比较。"瘫痪"是不是和"病"有相同的偏旁？那么至少这两个字可能都跟病有点儿关系，估计就是身体的什么地方出了问题。好，你猜对了！

拉美特利其实也是在玩猜想的游戏。有人问他："人是什么呢？"他觉得这个问题很难，一下子回答不出来，但他很聪明，他开始尝试将人和其他事物进行比较。人看上去跟什么东西最像呢？人的身体是不是跟机器很像？就说汽车这种机器吧，它有发动机、车轮、车厢、

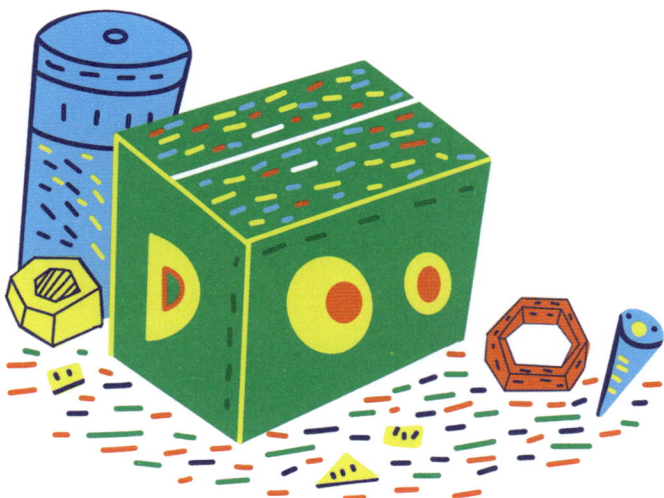

方向盘等，这些都是汽车的组成部分，这些部分被组装在一起，司机按下启动按钮后，汽车一下子就"活"了，能在路上跑了。人的身体好像也是这样。人有头、颈、手、脚、心脏等不同的部分，把这些部分"组装"在一起，人就活了，能够呼吸、走路、吃饭、说话、跑跑跳跳。所以这样比较一下，人是不是跟机器很像？那么，人是否就是一台更复杂、精致的机器呢？

　　拉美特利用他的方法进行了比较，接下来该我们了！让我们开动脑筋，看看他的说法中最大的漏洞在哪里。人的身体跟汽车相似，人身体的各部分也跟汽车的各部分相似，但是别忘了，人不是只有身体，还有心灵！人拥有心灵，所以人会快乐，会生气，会爱，也会恨。心灵还有一个重要的能力，能够让你按照自己的想法去做事情，这就是我们说的人有自由，心灵让人拥有自由。如果这样进行比较，汽车肯定是没有心灵的，因为它没有办法感觉冷和热、没有快乐、不会生气，更不会去爱和恨。更重要的是，汽车没有自由，它没有自己的想法，不能想去哪里就去哪里。司机操纵方向盘，设定导航方向，决定着汽车的行驶路径。

你可能会说，现在有自动驾驶汽车！汽车可以自己行驶，根本不用司机，你只要坐在里面就行了，汽车会带你去目的地。这是一个很好的问题，但并没有推翻我的结论。请想一想，自动驾驶的汽车真的有心灵吗？

拉美特利说，既然心灵的一切活动都需要大脑和整个身体组织的支持，那很显然，人体就是一台聪明的机器。

拉美特利很固执，不肯认输、不肯投降，非要说人就是机器，十辆卡车都拉不回来！

前面我们反驳他说，人有心灵，机器没有心灵。他想出了一个奇葩的回答——好吧，就算你们说得对，机器是没有心灵的，但是你们有没有想过，其实心灵也没什么特别的，不就是大脑里各种各样的神经信号吗？不知道你有没有见过电脑拆开之后里面的样子，那里面有主板、内存条、硬盘，还有一个重要的东西—— CPU！它就是电脑的心脏和大脑！所以，可能人的心灵也像电脑的 CPU 一样，是一个结构很复杂的、插在大脑里的芯片！这么一来，是不是人的心灵就像躲在人体这台机器里，能够想问题，能够感到快乐忧伤，能够自由地决定做什么……

且慢！我们发现拉美特利在这里露出了破绽，赶快让他"缴械投降"。他把人的心灵和电脑的 CPU 做比较，还勉强说得过去。但是，说 CPU 能够像人的心灵那样自由地思考、行动和选择，那我们可不同意。你想想，你的心灵之所以那么厉害，是因为它总是可以停下来，想一想下一步应该怎么做，往哪里走。比如，遇到一道很难的数学题，你会暂停一下，在心里问问自己，应该从哪里入手？是换个方法，还是重新理解题意？可是，CPU会停下来想一想它下一步要怎么做吗？心灵是像CPU那样的机器部件吗？

一起思考吧

了解了固执的拉美特利的观点，你可以组织一场小小的辩论赛，正方观点是"人是机器"，反方来反驳这个观点。看看辩论双方是否能碰撞出思想的火花！

与机器和平共处

我讲一个故事吧，故事跟机器这个主题非常贴合。

故事的背景就是那个有三大星球的宇宙，希望你还记得。这次我们请出类地星球的小苏和自然星球的小德。故事情节参考了《庄子·齐物论》里关于"人籁、地籁、天籁"的说法，你有兴趣的话，不妨读读原文，那是一个很有哲理的故事。

类地星球跟地球最相似的地方就是有各种各样的机器。有的机器很笨重，比如起重机、大轮船、大飞机，等等。它们都很有力气，能够把很重的东西搬到很高的地方，或者把很多人送到很远的地方。类地星球也有小小的机器，就像手机，可以被拿在手里。虽然手机搬不了很重的东西，装不下很多乘客，但是它"物小力量大"，它可以让不同地方的人保持联系。类地星球还有一些机器比手机还小，比如医院里的纳米机器人。它们可以顺利地钻进人的身体，进行检测，再把信息传送回来，这样医生就能准确地知道病灶。以后这种肉眼看不见的小机器人会越来越多，它们的用途也会越来越广泛。

我们再来看看自然星球，它和类地星球截然相反。这个星球上的人们不爱使用机器，大部分机器都很不发达，比如耕犁、马车，虽然这些也叫机器，但是好像跟我们理解的机器不大一样。它们都有点儿笨重，效率也不高，重要的是，这些机器都不能自己运行，都需要人

来控制。你可以想一想纸质笔记本和笔记本电脑的区别：你必须在纸质笔记本上一笔一画地写出数字和方程，然后再计算，才能得出结果；而你只需要告诉笔记本电脑怎么做，它就会自动帮你算出结果。

自然星球上的人快乐且幸福，因为他们有一个好朋友——大自然。大自然给他们提供食物，让他们有居住的地方，还会"演奏"各种美妙的音乐，"画"出各种美丽的图画。你不相信吗？你跟家人一起出去旅游看到很美的山水时，是不是会情不自禁地感叹："太美了！简直就像是一幅画！"没错，大自然就是一位很棒的画家，它的画要比人类或机器画的美丽一百万倍！辽阔的大海、绵延的山川，这些都是大自然画的美丽图画。

小德和他的家人幸福地生活在自然星球上，他从小学习画画，也喜欢演奏乐器，但他画画的时候不会用很高级的颜料和画布，而是在沙滩上用树枝画，在木头上用小刀来雕刻。有的时候他也很淘气，用河里的泥巴在自家草房的墙壁上画可爱的小动物。

说到音乐，小德从来没见过钢琴、萨克斯管、小提琴、大提琴这些乐器，他用河边的小石头就可以敲出复杂的节奏，他用卷起的草叶就可以吹出动人的旋律，甚至他什么都不做，坐在大树底下乘凉，听着风吹过树叶发出的声音，也能感受到自然音乐的美妙。

后来小德读了大学，因为品学兼优，被自然星球的国王选拔为优秀学生去类地星球交流。他其实并不是很兴奋，因为他根本不愿意离开自己美丽的家。他在电脑上看过类地星球的纪录片，学过类地星球的文字和知识，但都没什么兴趣。就说音乐吧，有一次，他被类地星球的小伙伴邀请，在网络上看一场音乐会的直播。自然星球上当然也有音乐会了，但要么是大家用身边的石头、树叶等作为乐器，凑在一起演奏；要么是大家聚在一起，一边听着瀑布的水声进行大合唱，一边拍着手跳舞。所以，他看到类地星球上的音乐会时感到很惊讶。巨大的舞台上摆了各种各样奇奇怪怪的机器，有很多穿着黑衣服的人很严肃地坐在椅子上演奏那些机器。那种叫小提琴的乐器，看上去很小，却能发出非常尖细的声音，有点儿像小德用竹笛吹出的声音。那架很

大的乐器小德从来没见过。小伙伴介绍说那是钢琴。它看上去很笨重，真的能演奏出美妙的音乐吗？这时，他看到一位美丽又可爱的小女孩坐到了钢琴的前面，她留着短发，穿着很好看的蓝色连衣裙。只见她用手指轻轻地碰了一下琴键，钢琴发出了非常清脆的声音，像流水，又像轻风。然后，一个音又一个音，她演奏出一首极为美妙的乐曲。小德有一种说不出来的舒适感，但又感觉这首曲子有那么一点儿悲伤，也许是因为他马上要离开自己的家乡，到很远的地方去，很久都见不到自己的爸爸妈妈。慢慢地，小德的眼睛湿润了。

小德就这样爱上了钢琴，他特意在网上听了很多钢琴曲。每次放羊的时候，他总会坐在树底下，静静地回想那些钢琴曲。后来，他知道了那个让他爱上钢琴的姐姐叫小苏，是类地星球上一个小明星，她不仅钢琴弹得很棒，而且还懂很多星球的语言，掌握了不少知识。因为钢琴和小苏，现在小德有点儿期待去类地星球了。

终于有一天，小德来到了高楼林立、机器被广泛使用的类地星球。一开始，他很不适应，有点儿想回家。因为类地星球上无论哪里都有很多人，到处都是吵吵闹闹的。他躲到了书店和图书馆里，这些地方虽然安静，但没有河水流动的声音和鸟鸣，也没有舒服的风，他只能听着空调吹冷气的声音。

所以，他不再喜欢出门了，更愿意待在自己的小房间里看书学习。但就算这样他也不开心，因为推开窗看出去，他几乎看不到天空，高高的楼房把天空都遮住了，云和星星也看不到了。不过，类地星球的

人很聪明，他们很难看到美丽的自然景色，就让电脑在家里的墙壁上投射出各种自然景观，但是这些在小德看来都是假的。

直到有一天，小德有机会走进音乐厅，听了一场小苏的钢琴独奏音乐会。他又产生了那种奇妙的感觉，那架黑黑的、巨大的、笨重的钢琴好像不只是一堆金属和木头，而是有生命的。小苏像是在跟钢琴里的一个小伙伴说心里话，否则她为什么弹得那么认真，那么投入呢？

音乐会结束了。小德去后台给小苏献花，后来他们成了很好的朋友，小德开始跟小苏学习弹钢琴。有一次，他们一起坐在咖啡馆里聊天，小德问小苏为什么弹钢琴。小苏对他说："其实一开始，我也很不喜欢弹钢琴，因为坐在那里反反复复弹一首曲子很无聊。但是慢慢地，我弹得越来越好了，我有了一种很奇妙的感觉，钢琴好像开始跟我说话了，它能够听懂我的心思。我不开心的时候，我快乐的时候，都能找到适合的曲子来弹，那些音乐就像是从我自己的心里唱出来的。"这时，小德也明白了，机器是我们生活中很重要的一部分，也许它们不像人类一样有身体和心灵，也不能思考、不会感受快乐，但是它们能帮助人类学习，帮助人类更好地生活和实现自己的人生价值。机器不仅是人类的好帮手，也是人类的好伙伴，在未来的世界，人类和机器会和平共处，幸福地生活在一起。

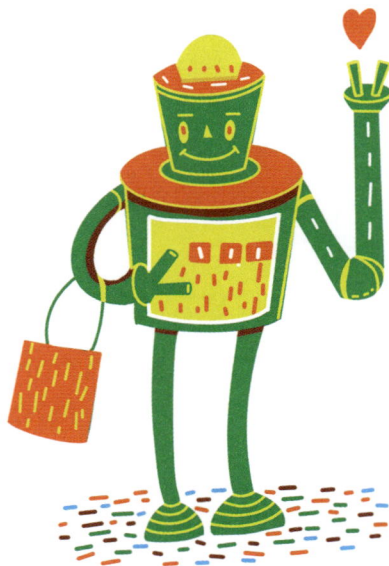

第五讲
为什么我不能随心所欲

在需要这个限度之内的自由既是真正的自由，也是真正的快乐。

学会好好说理

这一讲我们来讨论一个很严肃的话题，那就是自由。对于讲给孩子的哲学来说，自由是最关键、最核心的话题之一。

我不用对话，也不讲故事了，只"说理"。学了哲学，你除了能记住一些哲学家的名字和他们那些难懂的话之外，还能掌握一项非常有用的技能，那就是说理。说理，就是冷静下来，好好想问题，好好讲道理，不冲动、不生气、不耍小脾气，跟别人平等地说话。

为什么说理很重要呢？举例来说，要想说服别人帮你做事情，就要好好说理，你用拳头、用大嗓门，应该都没什么用。爸爸妈妈可能会要求你做这个、做那个，如果你不想做，也要把道理说清楚，为什么不想做，你的理由是什么。哭闹是没用的。还有，在语文考试的时候，你如果想写一篇优秀的作文，也需要说理，哪怕只是简单地讲

故事，要讲得通顺流畅，背后也需要有"理"。

所以，这一讲我先带你做一个说理的练习，再讲一讲法国大哲学家卢梭，还有他那句著名的话——人人生而自由，但却无往不在枷锁之中。

说理包含几个非常实用的小技巧：质疑、反驳和辩护。

质疑就是当别人说了一句话，你觉得这句话有问题，你就要去找出他这句话的漏洞。如果你只是说"我不喜欢你！所以你说的话我都不听""我觉得你好傻，你说的话也都好傻""我就是不听，不听"这类话，可能最后就没有人愿意听你说话了。

质疑是说理的第一步。接下来你要再往前走一步，那就是反驳。质疑是你觉得对方说的话有问题，反驳是你要用自己的话来证明"我是对的，你是错的"。反驳就是用你手里的"武器"来让对方"投降"，

只不过，这个"武器"不是别的，是你说出来的道理。如果你说的话更有道理，别人就愿意听你的，你身边就会有越来越多的朋友。

反驳是用自己的道理去"驳倒"对方，注意，是用道理，而不是用拳头和大嗓门。用拳头和大嗓门，你也可以打倒别人，但是被你打倒的人会不会真心信服你呢？你只是力气大、叫得响而已，你说的话未必有道理，别人为什么一定要相信你，听你的呢？

当你反驳成功了，对方就被你"驳倒"了，这个时候你还应该乘胜追击，进行说理的最后一步，那就是辩护。辩护是一件严肃认真的事情。为什么说理的最后一步是辩护呢？因为你要给自己说出来的话加上一个理由，也就是"为什么"。"为什么我要这么说？""为什么我这么说是对的？""为什么你们一定要相信我？"辩护就是说出为什么。

这么一说，你是不是已经觉察到，其实你在生活中经常为自己辩护。比如，你考试考得不好，妈妈就会问你，为什么你这次考得这么差。这个时候你就要想办法为自己辩护了，你会说"因为这次考试题目太难，我没准备好""因为考试之前我还在打游戏，没有好好复习"，经过这样的辩护，妈妈会觉得你在很认真地讲道理，所以她也不应该责备你，而要心平气和地跟你讲道理。这样一来，问题就解决了，也许你还可以跟妈妈一起去甜品店坐一坐，好好说一说道理，看看接下来怎样才能提高你的成绩。

说理的三个步骤讲完了，下面开始练习。就从一个很常见的问题开始吧，那就是"为什么我不能随心所欲"？

我们先来质疑。如果一个孩子问大人："为什么我不能想说什么就说什么？"大人可能会说："因为如果你说很刻薄的话，会伤害别人。"这里的每一句话，你都可以跟爸爸妈妈好好辩论一下，看看有没有道理。注意一定要说理，不要赌气和拌嘴，要把讨论问题当成一件快乐、开心、平等的事情来做，尊重对方的观点，提出不同的观点，并且学会一步步地把讨论推进下去。

孩子听了大人的回答就开始怀疑了。大人好像并没有回答孩子的问题。如果孩子说的是鼓励、赞扬的话，而且是很礼貌地说出来的，也不行吗？比如，在音乐课上，你的好朋友唱了一首很好听的歌，你非常喜欢，然后脱口而出："你太厉害了！你的声音简直像天使的一样！"这样的话也不能说吗？这些话并没有伤害别人，不伤害别人的话也不能随便说吗？所以你看，大人说的话好像也不是那么有道理，

只要你学会了哲学的方法，就可以发现话语里的漏洞和问题。

但是，大人仍然可以为自己辩护："赞美的话也不能随便说，也要看场合！"比如，在一场音乐会上，大家都在很认真、很安静地听小苏弹钢琴，这个时候你很冲动地站起来大喊："小苏你太棒啦！我好喜欢你！"这样就是不对的。你不仅打扰了认真听音乐的观众，而且还打扰了小苏的演奏，她可能因为你的话一下子就分心了，弹走音了，这是不是一种伤害呢？

所以，经过这样的质疑和回应，孩子和大人就得到了一个彼此都能接受的结论：为什么不能想说什么就说什么？那是因为说话必须看场合。不看场合就乱说话，可能会伤害别人。

　　孩子又问大人："我为什么不能想做什么就做什么？"大人回答："因为如果大家都这样的话，整个世界就乱套了！"

　　大人的这句话有什么可以质疑的地方吗？你大概马上能想到：这个大人好像还是没有回答孩子的问题！孩子问的是我，不是大家！我现在就想吃冰激凌，为什么不可以？我吃了冰激凌，世界也不会乱啊！而且，这个世界上的人也不是都像我一样喜欢吃冰激凌！有的人喜欢吃薯片，有的人喜欢吃拉面！

　　这个质疑很好，因为指出了"我"和"我们"不同。大人可能会这样来回应：你说的没错，但你有一个"我"，别人也有他们的"我"，这个世界上有千千万万跟你一样的人，就是说，有千千万万个"我"，这些"我"汇聚在一起，就是"我们"。我们就是社会，就是世界。每个"我"都有自己的想法，都有自己想做的事情，所以，如果每个"我"都不管别人，都随心所欲，就像路上行驶的汽车，如果都失去控制，那就会发生车祸，乱成一锅粥。

　　大人的这句话就引出了下面的这句话：如果人人都想干什么就干什么，大家就没办法相处了。这句话孩子不仅要质疑，还可以很好地反驳一下。你觉得这句话有问题吗？

　　每个人都想干什么就干什么，这是一件不好的事情吗？在社会中，如果每个人都没有自己的想法，没有自己想要做的事情，这不是一件很可怕的事情吗？大家好像都变成了电脑和机器人，只会按照命令和指令去做事情。但是，我们是人，不是机器，我们已经反驳过拉美特利了。人和机器的最大区别就是人可以有"想做什么就做什么"的自由，这个自由是很重要的。人没自由，就像汽车没有发动机，成了一堆废铜烂铁，哪里也去不了。

　　所以，上面这句话应该改动一下——每个人都应该想干什么就干什么，因为这是每个人的自由，但是，在你自由地做事情的时候，还应该考虑别人，因为别人跟你一样也有自由，这样大家才能和谐相处。如果你做的事伤害了别人，错不在自由，错在你没有看到别人的自由。所以自由没有错，滥用自由才是错。

最后还有一个说理的训练题。大人说，如果没有大人的指引，孩子永远长不大。

我们先来质疑。可以用一个简单直接的方法质疑，那就是举出反例。讲归纳法的时候我讲过，要想质疑和反驳"所有的天鹅都是白色的"这句话，你只要找到一只不是白色的天鹅就可以了。

现在你就可以找一些反例，来证明大人的这句话是错的。比如，有的孤儿从小没有大人的指引，但后来他们也成了很了不起的人物。再比如，有很多大人的指引本身可能起到了反作用，把孩子引向了不好的方向。

当然，大人也可以进一步为自己辩护：孤儿的例子不成立，因为他们虽然没有得到父母的指引，但肯定也得到了别的大人的指引，比如好的老师。另一个反例也有问题，因为有点儿以偏概全了，毕竟起到正面引导作用的大人还是大多数。

但是，即使不说反例，你也可以反驳上面的这句话。因为仅仅有大人的指引是不够的，指引还必须和孩子的自由天性配合在一起，才能够让孩子真正健康顺利地成长。大人的指引不能破坏孩子的自由，必须以保证孩子的自由为前提。所以，上面的话应该改成："有了大人的指引，孩子就可以自由地去做他想做的事情，这样孩子才能真正地长大。"

质疑和反驳的训练做了不少，下半部分我们要辩护了，也就是回答："为什么人要有自由？为什么自由是好的？"

一起思考吧

我们继续做一个质疑和反驳的练习吧！

看看下面这句话：通常来说，花很长时间才得到的东西会让人感到幸福。这句话真的有道理吗？它是不是很值得怀疑呢？你的怀疑是什么？如果你支持这句话，也请给出你自己的理由。

真正的自由，真正的快乐

这一部分完全是从家长的角度来说的，欢迎你和爸爸妈妈共读，相信你读完后一定能从自己的角度有所思考、有所收获。

关于什么是良好的教育，想必家长心里都有一个或清楚或模糊的标准，但在教育的实践过程中应该怎么操作，可能并不是所有人都能说清楚，其实我自己也没有把握能够彻底讲清楚这个问题。正好这一讲是以法国哲学家卢梭为主题，我们就以他那本划时代的儿童教育巨著《爱弥儿》为蓝本，好好聊一聊怎样以自由为前提来切实推进儿童教育。当然，前提是你们认同自由是教育必备的理念和理想，你们如果不认同的话，也可以用批判的心态听听卢梭是怎么说的。

我把《爱弥儿》这本书里卢梭提出的儿童教育理念概括为四个基本要点，分别是自由、自然、需要、平等。我先概括一下这几点之间的大致关系：自由是理想，是最终的目的；自然是基本的原理；需要是根本的保障或具体的落实步骤；平等则可以说是教育在社会中所要达到的一个重要的效果。

如果再用一句话来概括，那就是在卢梭看来，儿童教育的理想可以简单清晰地用一句话表述："最大限度地实现、保障孩子的自由，实现他的人类本性，同时把他塑造成一个独一无二的个体。"

所以，在教育的过程中存在特殊性和普遍性之间的辩证统一。从

普遍性上来说，大家都能接受一些基本的条条框框，但这并不意味着要按照一个固定的模子来塑造孩子。正相反，学习教育的理论、哲学的原理、心理学的法则，最终是为了让孩子找到自己，发现自己，实现自己。如果能达到这个目的，教育基本上是成功的。当然，这里有一个默认的前提，那就是每个孩子的人格都是有价值的，如果这些人格能够自由、自然地发展，是对整个世界贡献。但估计有人会说这是"性本善"的观念，如果一个孩子生下来就是坏人呢？难道也要实现他的自然天性吗？这个问题比较复杂，这里没办法展开讨论。我只想说：如果教育是正确的、合适的，那么这个世界上就不会有孩子沦落成罪犯或坏人。孩子走了歪路，主要责任在教育者这一方。这就是我的想法。

　　我们先来说卢梭提出来的自由。在我们日常的教育之中，自由总是人们挂在嘴边的一个词，很少有家长或老师把自由当成教育的起点、原理和理想。"不要伤害孩子的天性""要让他们茁壮自由地成长"——这些话我们常说，但落实到日常的教育实践中时，总会有意无意地走向自由的反面，即束缚。所以，卢梭说孩子自生下来开始，从大人那里"收到的第一件礼物就是'锁链'"。这话听起来有点偏激，不说别人，就反思一下我自己，好像真的是从我的孩子呱呱坠地开始，我就参考各种育儿的"百科""手册""教科书"，给孩子套上各种各样的条条框框。应该怎么抱孩子、怎么给孩子换尿布，孩子应该怎么睡、怎么喝奶，甚至空调应该开几度，枕头的角度应该是多少……好像每个细节书里都写好了，我只要照着去做就行了。我们一开始就已经在孩子周围筑起了严密的堡垒，"不能受伤"就是黄金准则。我女儿大概一岁的时候从小床上滚到了地板上，哇哇大哭，我当时十分自责，好像天都塌下来了，我觉得我就是世界上最十恶不赦的家长。这样想来，我自己从来没有把卢梭说的"让婴儿自由自在"作为基本的养育准则。并非我不愿意，而是我根本就不敢迈过"安全"这条红线。

这个"安全第一""保护至上"的"反自由"理念，其实在之后的幼儿园和小学教育阶段并没有多少改变。等孩子大了，你会发现，保护他们越来越难，所以就会不得已"让渡"给他们一些自由的空间。但我用的词是"让渡"，也就是说，我们从来没觉得对孩子来说自由是一件根本且重要的事情，我们至多把自由当成一种妥协、一种补充。我们教育的根本理念仍然是安全第一，美其名曰"没有规矩不成方圆"。所以，我们就都按照方方圆圆的、现成的"规矩"来塑造孩子。

当我重读卢梭在书里细致生动地描绘的各种"自由放任"的教育法时，还是会被深深地触动。我第一次读《爱弥儿》，是在我读博士的时候，那时我还没有孩子，但我读完就感叹，将来一定要做一个卢梭

式的开明家长。多年之后，我自己做到了吗？除了"立规矩"，我又有什么实现孩子自由的举措？当孩子问"我为什么不能这么做"时，几乎每一个家长都会脱口而出："这样做是不对的！不好的！"为什么不对，不好呢？说到底，就是因为这些都是成人的"规矩"，他们认为孩子如果不这样做，就会吃苦头、栽跟头。其实我们心里都希望孩子能自由自在地成长，成为他们自己最想成为的样子，但在很多时候，我们只是把现成的样子套在他们身上而已。说起快乐，我们真的知道孩子的快乐是怎样的吗？我们又花了多少时间去了解他们的快乐呢？说得再极端一点儿，我们又有多少时间是留给孩子的？不是陪他们上补习班，购物吃饭，而是陪着他们一点点、一步步去找到他们自己？说到底，"立规矩"可能是最简单、最不用动脑的一种教育理念，但正因此，它才是自由的真正大敌。

自由说完了，我们再来聊聊自然。卢梭的教育理念今天被称作自然主义。最近这些年，自然主义好像很流行，似乎带着孩子去摘个菜、做个椅子，甚至跑到野外去喂喂小兔子，就是自然教育了，这真的是大错特错。因为卢梭说的自然不只是自然环境，并不是说在城市外面就叫作自然。卢梭说的自然，就是人的本性，英文里 nature 这个词既

有自然环境的意思，也有人类本性的意思，而卢梭要说的自然主义教育就是把这两个方面有机结合在一起。

卢梭说的自然大致有这样三层意思，一是物质的自然，二是人性的自然，三是整个社会的自然——所谓"自然状态"。

第一层自然有"自然大化"的意思。就是说，作为人类，我们本身就是自然的一部分，所以，我们要想成为人，最重要的就是不应该违背自然的生命法则。小到一朵花、一条虫，大到宇宙星体，我们到处都可以发现这样的生命法则。《周易》中有句话"天行健，君子以自强不息"，就是要把人的生命跟整个自然大化的生命汇合在一起。每个人从根本上都是自然的生命。所以，卢梭确实主张孩子应该多接触自然，甚至把自然当成最好的老师和教材。推荐你去读一下卢梭的《植物学通信》，在这本书中，卢梭建议让孩子仔细地去观察花花草草，让孩子从自然的生命里面感受到万物之间的"手足之情"。

第二层自然，用卢梭的话来说，指的是真正的人的自然本性，最自然的就是最真实的。卢梭的这句话现在听起来还是让人印象深刻，即教育就是教我们如何生活。生活不是呼吸，而是活动，要使用我们的器官，使用我们的感觉、我们的才能。所以，过着最有意义的生活的人并不是年纪最大的人，而是对生活最有感受的人。感受生活，也不断感受自己，这才是自然主义教育的基本原理。所以，你如果没有把孩子丰富鲜活的感受力、生命力激发出来，就算把他扔到自然环境里也没用。真正的教育，不是教孩子怎么去生活，而是给他留出最大的空间去感受自己的生活，这样他才能真正找到自己，发现自己。没有感受力这个基本前提，你带孩子做多少椅子、喂多少兔子都无济于事。

第三层自然主要关系到卢梭的哲学、社会和政治理论。卢梭有个学说叫"自然状态",还有一个听上去很"大逆不道"的理论——历史根本不是进步的,反倒是退步的。文明不是人类本性的发展,而恰恰是对人类本性的扭曲、压制和否定。所以卢梭才会在《爱弥儿》里说,城市是坑陷人类的深渊。人类本性最自然舒展的状态,恰恰就是还没有进入文明社会之前的"黄金时代"。

接下来,我们来谈谈需要。说得严重一点儿,没有需要这个保障措施,自由就很容易变形走样,甚至根本就没办法实现,就算实现了,也不是真正的、积极意义上的自由。我觉得在《爱弥儿》的教育体系中,需要是非常重要的一环,真正把教育从理念变成了具体可操作的步骤。前面说到,要培养一个孩子的感受力,就要知道什么是他真正想要的,什么是他真正能够得到的,这样他就会更了解自己,更关心自己,不会任凭别人往他的脑袋里灌输各种东西,也不会养成很多坏习惯。这才是真正的自由,而真正的自由恰恰跟人真正的需要联系在一起,所以,卢梭说,要"尽早让他们养成习惯,把他们的欲望限

制在他们力所能及的范围内"。

卢梭把自由和需要联系在一起，很好地解答了儿童教育里令人头疼的难题。自由不等于随心所欲，因为在自由里，欲望恰恰不是最重要的，最重要的是心，是情，是感受。我们对自由的理解可能一开始就有偏差，以为自由就是不压抑你的欲望，在经济条件允许的范围之内尽可能地满足你的物质欲望。但按照卢梭的说法，真正的自由不是你想要什么都能得到，你到哪里都有人给你让道；你使一个眼色就马上有人给你跑腿。那不是自由，而是枷锁。真正的自由是成为真正的自己。我们在生活里经常会半开玩笑地说"经济自由"，但这远远不是真正的自由，只是通往真正自由的途径和工具而已，甚至也算不上是关键的、必不可少的工具。因为，真正的自由是心灵的自由、性情的自由、能力的自由，而这些跟你有没有钱，有多少钱，并没有根本的关系。

卢梭反复地提到需要这一点，并认为在需要这个限度之内的自由既是真正的自由，也是真正的快乐。确实，人生的绝大多数痛苦都是因为我们不知道自己是谁，自己真正想要什么，自己真正能获得什么。所以，也就稀里糊涂地按照各种"百科""手册""教科书"去做了。但能够实现卢梭意义上的自由，又谈何容易。你读读卢梭的《忏悔录》就会知道，卢梭抗争了一辈子也没有真正进入自由之境。

要实现自由的教育理念，任重道远。

第六讲
自由自在的命运

孩子清白无辜、健忘，是一个新的开始、一种游戏、一个自转的轮子、一种初始运动、一种神圣的肯定。

我做主

上一讲我们讲了卢梭的《爱弥儿》，里面有一句这样的话："最有意义的生活，不是活得长久，而是活得有感受。"这一讲，我们接着讲另外一位对人生非常有感悟的哲学家——尼采。

尼采是伟大的德国哲学家，曾经写过很多经典名著，我希望你能至少记住其中的两本，一本是《悲剧的诞生》，另一本是《查拉图斯特拉如是说》。我下面将跟你分享一下他的人生故事和人生感悟。你可以感受一下，看看哲学家是怎样养成的。

1844 年 10 月 15 日，尼采出生于德国东部的洛肯镇。他的童年非常不幸。小时候遭遇的不幸会给孩子造成很大的心理创伤，但他如果能够走出来，勇敢地面对命运的不公，用自己的生命来和命运对抗，谱写出自己的生命乐章，那就肯定能成为了不起的人物。你有没有听过贝多芬的《第五交响曲》？这部交响曲还有个名字《命运交响曲》，乐曲一开始的声音特别像敲门声，咚咚咚咚，咚咚咚咚！没错，作曲家贝多芬自己也说，我要扼住命运的咽喉，不让它轻易地征服我！

尼采在这方面跟贝多芬非常像。小时候，他家里并不是很富裕，爸爸很爱他，经常弹钢琴给他听，让他从小就接受了音乐的熏陶，而且一辈子都把音乐当成很珍贵的宝藏。你有机会翻翻他的书，就会发现书中有很多地方在讲音乐，而且尼采自己也是很出色的音乐家。

　　尼采的爸爸身体不好，在尼采五岁的时候，他就患重病去世了，没能陪伴尼采成长。这件事对尼采的打击非常大，祸不单行，在爸爸去世后不久，尼采年幼的弟弟约瑟夫也离开了人世。经历了双重打击，尼采一下子跌入了人生的低谷，他不愿意跟别人说话，常常一个人孤单地游荡在自然里，倾听风雨声和自己内心的声音。最爱他的爸爸去世了，他一肚子的话又能说给谁听呢？

　　在孩提时代，尼采就经历了许多苦难，所以全然不像同龄的孩子那样天真烂漫、无忧无虑。从童年起，他就寻求孤独，喜欢躲在无人打扰的地方。在这方面，尼采跟卢梭有点儿相似，因为他们都热爱自然，好像只有在自然的怀抱里，他们才能找到真正的温暖和安慰。对他们来说，鸟儿的歌声就是最动听的音乐，壮丽的山川和茂密的森林就是最美的图画。这样说来，尼采正是卢梭所说的自然主义教育熏陶下的人。他确实在自然里找到了自己，听到了自己最真实的声音。当然，离开人群，不跟别人说话，躲在自己的世界里，做一个孤独的孩子，这或许并不是一件很好的事情。但是，有的时候，一个人静静地坐下来，读读书，看看自然，想想你自己、身边的人和整个世界，也是一件有意义的事情。

　　尼采早早地遭受了人生的沉重打击，他似乎也没有办法改变孤独的命运。他在自传《瞧，这个人》里说，他很小的时候就拥有了一种完全不可思议的清洁本能，一眼就可以看出那些隐藏在人性深处的看

不见的污秽。但他的内心很强大，而正是强大的内心让他走上了哲学家的道路。他说的"清洁本能"，不是我们一般说的洁癖。尼采的意思是——他对人的内心的纯洁有非常强烈的追求。从很小的时候起，他就会不断地反思自己，看看自己的心里有什么不好的想法，有什么"不干净"的思想。如果有，就尽量把它们清除出去。之所以这样，是因为尼采看到了太多人世间黑暗、邪恶的东西，所以他特别希望有一个理想的世界，在那里每个人都纯粹干净，都能够健康地在阳光下生活。这也许就是尼采热爱自然的缘故吧！因为他在山水之间、森林之中，找到了他心目中的纯洁和纯粹，在那里，没有人和人之间的钩心斗角，只有纯粹的、没有被污染的生命。所以尼采热爱自然，并且从自然那里学到了很多东西，感悟到了很多道理，自然对他来说就是最好的学校。

与自然做伴，尼采确实获得了非常明显的提升，他在很小的时候就展现出过人的天分，尤其在诗歌和音乐方面。他从小就能写出让人赞叹的诗歌，比如这首表达他怀念父亲的诗：我凭吊父亲的坟墓／哭了许久的时光／许多凄苦的眼泪／流下来滴在冢上。

1858 年，他进入普夫达文科预备学校学习。在当时的德国，这所学校非常有名，从那里走出了很多艺术家和思想大师。在学校里，尼采的成绩一直很优秀，他对古希腊文的热爱简直到了痴迷的地步，经常整夜整夜地看书学习。不过，尼采的数学却一塌糊涂。

他在文学和哲学方面的才能很快就展现出来。1862 年，在他差不

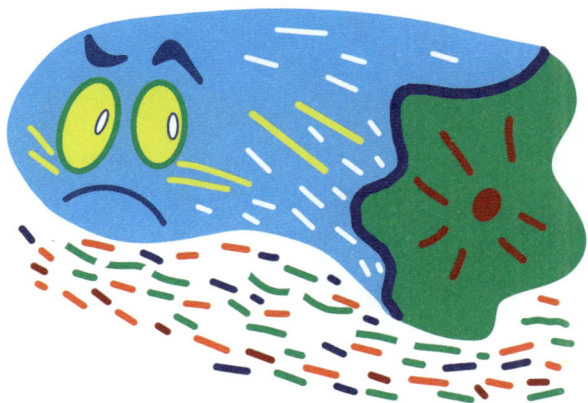

多 18 岁时，发表了哲学论文《命运和历史》。他在文中提了一个很重要的问题，那就是命运和自由之间的关系。我们在斯宾诺莎那一讲聊过命运。我们也说过，命运不应该是枷锁，而应该是道路。尼采对命运深有体会。他那么小的时候就接连失去了两位最亲的人，如果是一般的孩子可能从此就怀疑人生了，为什么这么多的苦难和不幸都落在自己头上。尼采也曾怀疑、彷徨，甚至绝望过，但他是一个勇敢坚强的人。他在论文里这样表达，他宁愿相信自由，而不是命运，因为命运会让一个人成为丧失自我的机械人，但自由却能让一个人接近完美。你如果认为一切都是命，那你就只会变成一个整天唉声叹气、没有主动性的人；但如果你相信自由和创造力，就会像尼采那样，不断与命运抗争，越过人生的一个又一个障碍，最后成为一位勇士和英雄。

尼采毕业后继续深入学习哲学，他尤其喜爱德国哲学家叔本华。

叔本华我们在这里就不说了，因为他的理论太悲观。尼采虽然喜欢叔本华，但并没有成为一个悲观的人，恰恰相反，你还记得亚里士多德的那句"吾爱吾师，吾更爱真理"吧，尼采也是这样。在他心目中，叔本华一直是伟大的老师。他在参军的时候，会把叔本华的照片放在桌子上，每天训练回来虽然已经筋疲力尽，看到叔本华的照片后，一天的疲惫就好像一扫而光了。他尊敬叔本华，却不盲目相信叔本华教给他的哲学道理，而是把叔本华的悲观主义改造成乐观主义。从哲学上来说，乐观主义就是相信这个世界是有希望的，未来是光明的，虽然眼下可能遇到了很多问题，但人类还是会战胜困难，一步步往前走，尼采就是这样的乐观主义者。相反，悲观主义者认为人类是没有希望的，未来是一片黑暗的，而且无论人类怎样努力，都不可能改变这样的未来。以后当你读了更多的哲学书就会发现，在哲学史上，乐观主义者和悲观主义者都很多，所以悲观主义不一定就不好。比如，悲观的人可能会对现实的问题和困难看得更清楚。

　　我是一个乐观主义者，我相信人类的未来是美好的，是有希望的，所以我希望你也能乐观起来，像尼采一样，勇敢、坚强地去生活。长大以后，你可能会发现，这个世界不像童话里讲的那么完美，身边的人也不都是和蔼可亲的。你也会偶尔产生悲观的情绪，到那个时候你再读一读尼采的书，它们可能真的会对你有很大的帮助。

　　刚开始，尼采的人生还是很顺利的，年纪轻轻就成了教授，但是他从小就有的精神上的"洁癖"让他没有办法在大学和学术界立足。后来，他不断被身边的人排挤、歧视，再加上他身体不好，只能到处流浪。他一边养病，一边希望像他小时候一样，在自然的怀抱里孤独地漫游。他去瑞士的山间，去意大利的海滨，身体也慢慢好了起来，写出了很多伟大的著作。他的最伟大的作品就是《查拉图斯特拉如是说》，这本书你现在读起来虽然有困难，但是书里有很多生动的小故事，比如《走钢丝的人》《从骆驼到狮子到孩童的精神三变》《山洞口的侏儒》等，当成童话故事来读也很有意思。你可以试着读一读。

一起思考吧

读完尼采的童年故事，你有什么心得体会？说出来跟身边的人分享吧！你也可以跟爸爸妈妈谈谈，你认为人可以凭借什么力量去战胜困难呢？

人是一种应该被超越的存在

这一部分，我们一起来读一读尼采的《查拉图斯特拉如是说》里的两个故事。原书的背景我就不介绍了，你就记住查拉图斯特拉是古波斯的一位先知就行了，其实书里的查拉图斯特拉也完全可以被理解为就是尼采自己，这本就像是尼采用化名写的一本生动的哲学小说。

《查拉图斯特拉如是说》主要是用寓言的形式写成的，书里每个故事表达的意思，一直以来都有很多争论，我只是给出我自己的理解和解释，并尽量讲得浅显清晰，贴近你对世界和人生的理解。我对故事进行了改编，用小苏和枚农作为主人公，尽可能把里面的寓意讲清楚。

现在，我们进入第一个故事：《走钢丝的人》。

小苏：大家好，我叫小苏。

我很喜欢读哲学书，虽然读不太懂，但还是跟着老师了解了很多哲学家的故事和哲学道理。老师告诉我们，生活里处处有哲学，哲学很有用。所以，学了哲学以后，我会觉得自己看世界的眼光不太一样了。今天，我要给大家讲一件事，是关于上周末我和爸爸妈妈一起去马戏城看杂技表演的。这个杂技表演我已经看过很多次了，但每次看的感觉都不太一样。一开始，我觉得这些杂技演员太了不起了，能做出那么高难度的动作，下面的观众看的时候都很紧张，屏住了呼吸，但那些演员很轻松地就完成了。他们真让人佩服！

后来，有一个杂技演员到我们小学来做演讲，我才知道，他们要从小开始训练，不知道失败多少次，受多少伤，才能达到今天这样的水平！听着他讲自己的故事，我默默地下定决心，要好好用功、刻苦努力，长大后成为哲学家！

但上周看表演时，我看着看着就走神了，开始想"很深"的哲学问题。走钢丝的杂技演员是不是就像我们每个人呢？从出生到死亡，我们好像也是很紧张、很专心地走在一根钢丝上。只有走过去的人，才是真正的成功者，可是这些成功者身上有什么共同特征呢？他们不会犹犹豫豫、左顾右盼，他们认准了一个目标，就会坚定地往前走。坚定是所有走钢丝的人都必须具备的素质。如果一个杂技演员走到钢丝的一半就开始害怕、浑身发抖，不敢往前走，甚至想往后退，那是不是更危险、更可怕！所以，无论他心里有多紧张，眼睛都要盯着前面，坚定地、一步步地向前走，因为当他犹豫不决，当他想倒退时，可能会从钢丝上掉下来。

走钢丝的杂技演员平时在辛苦地训练什么呢？我想对他们来说，最需要训练的大概就是平衡和专注，他们既要保持身体的平衡，又要非常专注，不能胡思乱想！如果一个杂技演员一边走在钢丝上，一边美滋滋地想："你看我多厉害！我能在这么高的地方，从这根细细的钢丝上走过去！下面的小朋友一定都很崇拜我。"他这样乱想的时候，可能步子就乱了，这种情况就危险了。

所以我想，要想成为一个优秀的小学生，这两个素质也是必备的：一方面要平衡各学科，不偏科，语数外都学好；另一方面也要很专注地做好每件事情。

　　就在我这样胡思乱想的时候，台上出现了突发情况。那个走钢丝的演员走到一半的时候，不知道怎么回事，突然停下来了，好像在等什么。我心里想：糟糕！他该不会是昨晚没睡好，脚软了吧！就在这时，从他的身后突然蹦出来一个滑稽又可爱的红鼻子小丑。小丑穿着高高的靴子、戴着高高的帽子，一跳一跳地从他后面赶了过来。台下的观众发出一阵尖叫声。不过，谁也想不到的是，那个小丑追到了他的背后，然后突然从他的头上跃了过去，一下子冲到了终点，还冲观众做鬼脸！

　　看到这里，我又开始想哲学道理了。人生跟眼前的这一幕还真是很像，因为你不是独自待在这个世界上的，身边还有数不清的人跟你在一起往前走。要是只有你一个人，你就可以太太平平、安安静静地走下去了，但要是有人本领比你强，他就会超过你，从你的头上越过去！这很危险，因为他越过去的时候，你可能会失去平衡和重心。

仔细想想，人生其实跟走钢丝是一样的。如果有人从你的头上跳过去了，你肯定心里很生气，不甘心，但这可能是因为他平时训练更刻苦，也可能是因为他更聪明、更有悟性，所以他能跑到你的前面。人类只有这样一浪推一浪，才能进步，不是吗？要是所有人都慢吞吞地自己走钢丝，那多没意思！

有时候在学校操场的草坪上，我们看到蜗牛在爬，蜗牛爬得很慢，一点儿都不急。上完一节课出来一看，蜗牛也才往前爬了一点儿！要是人类也跟这只蜗牛一样，可能就不会有今天的我们了吧？所以我想起尼采说过的一句很有道理的话："人是一种应该被超越的存在。"就像后浪超越前浪，就像你有一天会超越你的爸爸妈妈，而你的孩子也会超越你。这样的历史才有趣，历史的车轮才会不断向前滚动！

接下来轮到枚农登场了，他要讲的是星期天在野生动物园的奇遇。

枚农：大家好，我是枚农。我很喜欢野生动物园，那里有骆驼、狮子、猴子、斑马，还有傻傻的羊驼和憨憨的灰熊。不过，平时我去看动物的时候，光顾着玩了。

最近，我跟着小苏姐姐一起读了儿童哲学书，所以这次看动物，我有了一些"哲学"的体会，我就学着小苏姐姐的样子跟大家聊一聊。

动物园里我最喜欢的动物是骆驼和狮子。骆驼馆和狮子馆每次都被小朋友们围得水泄不通，我怎么挤也挤不进去。旁边的猴子馆、水族馆好像就没那么多人。这是怎么回事呢？爸爸跟我说，那是因为骆驼在我们这里很难见到，是很稀有的动物，它们平时生活在沙漠里，要背着很重的行李和货物，带主人去很远的地方。

　　爸爸说，骆驼是很伟大的，它们吃苦耐劳，一点儿怨言都没有，再远的路，再大的风沙，都不能阻挡它们的步伐。其实每次爸爸说到这里的时候，眼圈都红红的，因为我知道他想起了早早过世的奶奶。爸爸一直说奶奶身上有骆驼的精神。奶奶平时不怎么说话，负责买菜做饭，照顾重病的爷爷。有时候我觉得奶奶在家里是一个"隐形人"，直到她离开我们，我才察觉到，她曾经一个人撑起了整个家！

　　但是，狮子就很不一样。星期天天气很热，有好几只狮子已经睡着了。有一只狮子还很精神、很威武地站在中间望着我，我们四目相对，我觉得这只狮子好像在用眼神问我：枚农，你知道我们狮子身上最宝贵的东西是什么吗？我立马回答：勇敢！它又问我：什么是勇敢呢？你觉得跑得快，吼得响就是勇敢吗？你觉得可以一口吞下一只羚羊就是勇敢吗？你觉得打架的时候从不服输就是勇敢吗？不！勇敢是能够面对障碍和困难并且永不言败！哪怕是一座高山，我们也可以越过去！哪怕是深深的大河，我们也敢冲过去！哪怕是最凶猛的巨龙，我们也敢跟它迎面对战！对，我们狮子就是喜欢自由，就是要对所有束缚我们的东西说不！

狮子这么一说，我好像一下子就明白了。骆驼是背着沉重的包袱一步步坚定地往前走，它很辛苦，很不容易，但是它的目的地是很明确的，按照主人的命令一步步走到终点就可以了。对比起来，狮子看起来好像很轻松、很自在，想睡觉就睡觉，肚子饿了就起来觅食，实际上它们也很不容易。因为它们要面对的障碍比骆驼的多，它们不像骆驼那样，闷头走路就可以了，而是要为守护自由拼尽全力。

你说我们到底应该像骆驼一样生活，还是学习狮子勇往直前的精神呢？我敬佩骆驼吃苦耐劳的精神，但是心里还是希望自己能成为一只有担当、有使命感的狮子！不过，你说为什么一定要学骆驼和狮子呢？我们自己身上不是也有值得别人学习的地方吗？大人们常常笑话我们不懂事、不成熟、没有责任感，我们确实不像骆驼那样能够承担起重大的责任，也不像狮子一样能够用力量征服世界，我们身上最可贵的地方，是我们的心灵是自由自在的，我们脑子里还没有那么多的条条框框，没有那么多的"应该做这个""应该做那个"，当我们做一件事情的时候，我们会说："我们想要！"孩子的自由里是不是也有一种力量？就像尼采说的——孩子清白无辜、健忘，是一个新的开始、一种游戏、一个自转的轮子、一种初始运动、一种神圣的肯定。

第七讲
语言是生活的形式

　　学会使用语言，能让别人更好地理解你，能让你更好地接近别人，也能让你和身边的人相处得更融洽。

语言是一个很有趣的哲学主题

这一讲的主题是语言，我们将认识 20 世纪另一位鼎鼎大名的哲学家——奥地利的维特根斯坦。

你觉得，你和爸爸妈妈沟通困难吗？有时候他们会不会认为你在说一种他们完全不理解的语言？维特根斯坦说"语言是生活的形式"。很多人认为说话很简单，语言只是工具。其实每一代孩子都是说着一种特别的语言长大的，语言跟生活的结合非常紧密。当你说的是家长没听过、也听不懂的网络用语时，那说明你正在用语言来创造新的生活方式。

我从维特根斯坦的哲学里选一些跟你的生活相关的内容，来简单讲一讲。这一讲的内容主要选自他的《哲学研究》。

维特根斯坦将化身维根老师，和小苏用一场对话来探讨一下语言的问题，这场对话主要回答这些问题：语言有什么用？有哪些用法？语言跟游戏有什么相似的地方？

下课铃响了，小苏兴冲冲地第一个跑上讲台，跟新来的语文老师维根老师打招呼。

小苏：维根老师好，我们非常喜欢您今天的语文课！

维根：你们喜欢就好！我看你一直在记笔记！

小苏：我很喜欢《望庐山瀑布》这首诗。我觉得李白是一位了不起的诗人，用那么几句话，就把瑰壮的风景展现在我们眼前了！

维根：是啊，他可是中国历史上鼎鼎大名的"诗仙"！以后有机会，老师再带你们好好读几首他写的诗。

小苏：好啊！

维根：不过小苏，你觉得这首诗写得最好的地方是哪里？

小苏：那肯定是您上课讲过的修辞方法之一——夸张。夸张，就是故意把一件事情说得神乎其神，但又让你觉得很有道理、很有趣。比如瀑布，如果是我，肯定就会照着它的样子来写，它有多高、有多长，反射着太阳的光，还发出巨大的声音等。但是这样的描写就没有李白诗里的那种气势和味道！

维根：你说得很对。所以我想跟你聊聊别的问题。我知道你在学习儿童哲学，语言也是一个重要且有趣的哲学主题！我们平时一直在说话，那么语言肯定是很有用的，但是它为什么那么有用呢？

小苏：我觉得语言最有用的地方，就是向别人传递有用的知识。很多人都没去过庐山，但读了李白的这首诗，就心生向往，想要亲自去看一下。

维根：但你刚才也说了，这首诗用了夸张的手法，它好像并没有告诉你关于庐山瀑布的"有用的知识"，你读了这首诗，还是不知道它在哪里、有多高、有多宽，水是什么颜色的，什么时候形成的。那么，这首诗告诉你什么了呢？

小苏：哦……好像是这样。读完这首诗以后，我只知道这瀑布肯定在庐山，但是庐山在哪里？怎么去？我都不知道！但我就是觉得这首诗对我来说很"有用"！大概是因为李白看到瀑布的时候，心里很激动，所以才会写出"飞流直下三千尺"这样的句子，三千尺是多少，其实我也不清楚，但读这首诗的时候，我就是感觉瀑布磅礴的气势，一下子冲到了我的面前。所以您问我，语言有什么用？我觉得在这首诗中语言的作用好像不一样，它把诗人心里的感情表达了出来，又传递给别人。所以，这也是语言很有用的一点！我想起来，我天天跟枚农拌嘴，有一次他耍赖，用手把耳朵捂住，冲我做鬼脸，嘴里说着一些我听不清楚的话。虽然他嘴里说的那些字听上去像是胡说，但我还是能感受到他的想法：我讨厌你！我不想听你说话！

维根：小苏你说得太好了。你知道小婴儿是怎么学会说话的吗？就是从"咿咿呀呀"开始的，他们说的词听上去完全没有意义，但是慢慢地，你好像就能懂他想表达什么意思了，比如饿了、困了、要抱抱……

小苏：您说得对！语言真奇妙！我有种自己好像是第一次开口说话的感觉！

维根：先别激动，语言奇妙的地方你还没真正见识过呢！

小苏：真的吗？我觉得语言已经很奇妙了，无论是大诗人写的名句，还是小宝宝的牙牙学语，都让人惊叹语言的力量！

维根：我再举一个例子，还是说李白这首诗吧。你想想，除了语文课，还有哪些地方能用到古诗呢？

小苏：考试的时候，填写古诗，一个字都不能错！

维根：对！你看，试卷上要求你一字不漏地把这首诗写下来，这是不是又是一种不一样的用法？考试的时候，你不用知道庐山在哪里，也不用知道那道瀑布有多高，你也不需要感受到李白在写这首诗时的心情。你只需要做一件事，就是赶快把这首诗默写出来，越快越好！因为考试的时间是很紧张的，但是你也不能太着急，因为不能写错，字迹还不能潦草，如果老师看不清楚，也会扣分的！

小苏：对啊！您这么一说，我好像又看到语言的一种不同用法了！"背下来"也是一种很特别的用法，而且学生好像经常需要背诵。我看很多同学上课不听讲，考试之前通过死记硬背也能

拿九十分！我心里一直不服气，觉得这不公平！但是听您一讲，我心里的气好像消了一点儿，因为他们也在使用语言！不懂也可以用，这是一种很特别的用法！

维根：说出来你别太吃惊，其实这种用法在生活里有很多！老师考考你，在什么情况下，你一个字都不懂，但照样可以把语言"用"得很好？

小苏：这个您真难不倒我！是唱歌！上音乐课的时候，老师教了我们一首意大利儿歌，她一边弹琴，一边教我们唱，这首儿歌很好听！我学会了以后，回家唱给我奶奶听，她也觉得好听，但就是不知道我在唱什么！所以她就问我："小苏，你唱的歌是什么意思？"我只能很不好意思地回答说："奶奶，这是意大利语儿歌，我会唱，但不知道意思。"

维根：小苏你真的是很聪明！

小苏：嘻嘻，老师，那现在轮到我来考考您啦！因为我又想到另外一个语言的神奇用法，您想不想知道？

维根：哈哈，快说吧。

小苏：您是大人，大概不太了解这个用法。它可是小朋友的特长，那就是游戏！

维根：小苏你可别小看老师！当年在学校里，我可是古诗词游戏的冠军！我能把一首诗倒着写出来，就是从最后一个字写到第一个字，是不是超级厉害？

小苏：厉害！最近我在玩《词语迷宫》。这个游戏的背景是，两兄弟看到自己的爸爸妈妈被坏人抓走了，就勇敢地上路，去解

救爸爸妈妈。但他们遇到的怪物，用枪或魔法都打不死，只能用字和词！

维根：用字词当炮弹吗？

小苏：差不多！比如，一个绿兮兮的、吓人的毛绒怪物冲过来时，屏幕上会出现一个英文单词green，就是绿色，你就要飞快地在键盘上把green这五个英文字母打出来，这样，这五个字母就会突然变成一团绿色的火焰，发射出去把怪物熔化！

维根：听上去很有趣，在这里语言有了一种很神奇的用法。

小苏：是啊，你不用懂green这个词是什么意思，也不用背下来，更不用考试，你只要又快又准地把这些字母打出来，就可以在游戏里得到很高的分数和奖励，很有成就感！

维根：我觉得今天这节语文课可以改成哲学课了……因为我

想到了一个很有趣的道理，那就是语言的用法多得数不清，而且每个用法都可以跟我们在生活里具体的事情结合在一起！所以，语言是生活的形式！

一 起 思 考 吧

你也可以和爸爸妈妈设计一个新的语言游戏，看看还能发明出什么好玩的用法。

遵守语言的"游戏规则"

我们继续学习"语言的用处"。你可能会想，语言怎么能算是哲学里的一个主题呢？相信看完下面的内容，你会有更深的体会。语言不仅是很重要的哲学主题，而且在你的生活中根本就离不开它。学会使用语言，能让别人更好地理解你，让你更好地接近别人，也能让你和身边的人相处得更融洽。好了，让我们回到生活里的小问题，看看维特根斯坦说的"语言是生活的形式"是否有道理。

我们平时说话、交流、沟通，其实和玩游戏是一样的。玩游戏时要注意一些什么问题呢？首先，你要遵守规则，不能胡闹、瞎玩。以下围棋为例。吃掉对方的棋子时，你会兴奋得跳起来，但如果对方反过来吃掉你的棋子时，你就又哭又闹，非要让对方把吃掉的棋子"还回来"。你说这个游戏还怎么玩？

其次，每种游戏都会培养你的一种特殊能力。你要玩得好，就要把这个能力发挥出来，比别人更强。比如赛跑、跳远这些体育游戏，就需要你跑得比别人快，跳得比别人远，它们考验的就是你身上的特定的能力。所以，能力跟游戏是对应的，你非要在赛跑中比谁跳得远，那就很奇怪了。

学习使用语言或学习如何说话，是不是跟玩游戏有相似的地方？你跟别人说话时，要遵守规则，不能你想说什么就说什么。此外，每种语言的用法都要求你展现不同的能力。比如，有的时候你需要懂一首古诗的意思；有的时候你不需要懂得语言的意思，但你要有很好的记忆力；还有的时候，你可能需要有很快的反应能力等。

我再讲几个例子，我们一起来看看语言的力量到底有多大。你会明白，生活里有很多种不一样的语言游戏。下面这四个语言游戏的主题分别是：学会赞美、学会说话、学会辩解和学会安慰。

我们先进入第一段对话。小苏和小彤放学后一起去文具店买新学期要用的本子和笔。

　　小苏：又要开学了！好兴奋！

　　小彤：有什么可开心的……我不像你，你不光是课代表，老师们还都喜欢你！我学习成绩马马虎虎，上课总是走神，我觉得老师都懒得叫我回答问题了，唉……

　　小苏：别这么说啊，你有很多优点，比如你穿衣服很好看，你爱笑，你很会讲故事，大家在你身边总是笑声不断。你就是我们班的"开心果"！

　　小彤：但是，我们考试又不考讲故事、穿衣服，要是那样的话，我肯定能考全班，不，全年级第一名！

小苏：我觉得每个人都有优点，每个人都像天空中的星星，能发出自己独特的光亮，群星璀璨的夜空才是最美的。虽然现在我们确实不考讲故事、不考穿衣服，但是这两件事情在生活里都很重要。你穿了漂亮的衣服，自己会很开心，你讲了一个有趣的故事，大家的心情都会很好。

　　小彤：你这么一说，我好像不那么郁闷了！我虽然学习成绩一般，但是我的优点是别人比不了的！也许有一天我可以成为很棒的服装设计师，给大家做漂漂亮亮的衣服；也许有一天我可以成为很棒的讲故事的人，每天给大家讲有趣的故事。

　　两个好朋友这么聊着，小苏和小彤又开始憧憬新学期美好快乐的生活了。

在这里我们发现，学会赞美就是要发现别人的优点。其实还有很多赞美别人的方式，想想你平时还用过什么样的赞美让别人快乐呢？

现在进入第二段对话吧，这是小彤和奶奶之间的对话。

小彤：奶奶，我放学啦！今天晚上有什么好吃的菜？

奶奶：看把你急的！快先去洗手洗脸！奶奶今晚要做你最喜欢的罗宋汤！

小彤：彤彤最爱奶奶了！没有之一！

奶奶：不过，今天奶奶用的是你妈妈买的新电磁炉，说是进口的，做饭很快。但上面的外文我看不懂！你看这个汤放上去了，我也不知道该按哪个按钮！

小彤：这个开关就在液晶屏上面啊，不就是这一排红色的字嘛！

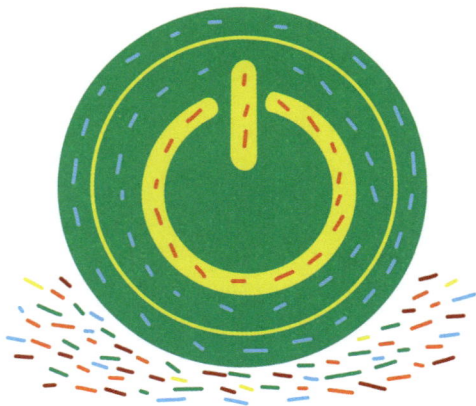

奶奶：我怎么可能知道！我上学那会儿，连中文的书都没看几本！不过你妈妈用这个高级的炉子做出来的菜也没有更好吃！做菜，不是只有炉子就行，还需要很长时间的摸索！

小彤：对不起，奶奶，我刚才不应该那么跟你说话，其实我一直觉得奶奶是最棒的！你做的糖醋鱼比饭店里的还好吃！每个人都有自己很擅长的事情，应该快乐地跟别人分享。比如小苏学习好，她可以辅导我做作业。我呢，是一个很会讲笑话的人，就可以教她怎么表演小品，这样一来，我们就都学到了新的技能！

奶奶：对啊，你看你妈妈越来越能干了，也是我一点点教她的！

小彤：奶奶你说得对！

你体会到了吧，学会说话的第一个前提就是，不要觉得自己会做一件事情，自己有这个特别的能力，就很了不起。一定要把说话当成是跟别人好好交流的工具和途径。让学会说话变成人和人之间愉快相处的一种有用的工具！你可以和爸爸妈妈做这样一个活动，教对方一个新技能，看看怎样做才能教会对方。

下面我们进入第三段对话，也是第三个语言游戏。吃晚饭的时候，枚农跟爸爸之间的"战争"一触即发。

爸爸：枚农，快把碗里的饭吃完！听到没有！

枚农：就是不吃！凭什么你让我吃我就吃！我不想吃！我有我的自由！

爸爸：好啊，你有你的自由？那你为自己辩护一下！你到底为什么不想吃这碗饭？

枚农：啊？什么辩护？

爸爸：就是说出你的理由。如果你说得有理，我就听你的，你就可以不吃！但耍赖不行，要是那样的话，爸爸我要起赖来会更可怕！

枚农：理由？我觉得我不饿。

爸爸：为什么不饿？

枚农：因为我放学后在街对面的超市买了一串烤香肠……

爸爸：好的，你找到吃不下饭的理由了，那么你觉得这个理由站得住脚吗？我要接受你这个理由吗？

杈农：其实我觉得烤香肠也不是那么好吃，就是几个同学一起嘛……

爸爸：重要的是，以后你在外面吃饱了，晚上不想吃饭，就要事先跟大人说。

我觉得说理是一个很好的方法，这样你就能慢慢学会表达自己，学会跟别人沟通了。更重要的是，你不会和别人争吵，遇到事情，你们可以坐下来辩解一番，这是一个好习惯。

最后一个语言游戏虽然简短，但我觉得更重要，这个游戏锻炼的或许是你比较欠缺的一种说话的能力——安慰别人。这是维系人和人之间关系的重要纽带。

　　对话发生在小德和维根老师之间。

　　维根：小德，我看你怎么一天都垂头丧气的，遇到了什么不开心的事情吗？

　　小德：老师，我爸爸最近接到了一个公司的考察项目，要去火爆星球参与一个防御工程。他本来说这个周末要带我和妈妈去大峡谷玩，帐篷、餐具、烧烤架都准备好了！结果现在他要出差，也不知道什么时候能回来！

　　维根：小德，你不能完全从自己的想法出发。你要先想一想，你爸爸做的这件事情是不是要比野外露营更重要。火爆星球最近

很不安定，那里的人有可能因此受到伤害，你爸爸这次去，是为了维护宇宙和平！这是很伟大的事情。宇宙和平了，你才能平安、舒服地去野营！

小德：老师，您说的这个道理我都懂，但我还是很生气，觉得他没有好好地跟我沟通，没有尊重我的想法。

维根：嗯，这方面可能是你爸爸有小小的过失。但是你应该学会理解别人，学会两种思考方式。一是设身处地地为他人着想。你可以为你爸爸想一想，也许他没有跟你说是因为他太忙，他太专心手边的事情，或者他不好意思跟你直接说，怕你伤心难过。也许他走了以后，会给你打电话说明白，也许你以后还可以到那里去看望他。二是要从长远来想事情。现在你爸爸暂时离开你了，但他只是去完成一件很重要的工作，他是顾家的人，肯定很快就会回来。所以你的眼睛不能只盯着眼前，也许看看不远的将来，你就会慢慢开心起来了！

维根老师的安慰是不是很有用？在安慰别人的时候，能设身处地思考，以及从长远来考虑问题，都可以让你更好地使用语言，让你说出的话更容易被别人理解。在生活中，语言太重要了，一句话能激起争吵，一句话也能化解纷争。所以，学会好好说话，对每个人来说都是很重要的事情。

第八讲
我又做噩梦了

梦比真实的世界还要真实，因为在梦里，你会知道你的愿望是什么，知道你自己是谁。

梦是愿望的达成

做梦是一件非常奇特的事情，关于做梦，可能你的小脑袋里装满了各种各样的疑问。但是，我想先解释一下，我为什么要在这本书的最后谈关于梦的哲学问题。

在这本书里，我们接触了很多主题，比如知识、自由、规则、语言等。但是这些主题只占你的世界的一半，因为你的世界的另一半几乎都是在梦里。你想想，一天二十四小时，你大概要睡多久？老师会告诉你，你这个年龄段的小朋友最好每天睡八到十个小时，充足的睡眠能保证你身体健康，不生病，上课有精神。

你每天大概有三分之一的时间在睡觉，睡觉是你生活里很重要的一部分。但你肯定会问，睡觉的时候眼睛一闭，什么也不知道、不记得，这跟哲学有什么关系？跟自我、他人有什么关系？

这个想法不光你有，很多大人也会有。但是，从哲学的角度来说，这个想法是有问题的。所以这一讲，我们就走进哲学家和心理学家弗洛伊德的世界，来聊聊做梦是怎么回事。关于弗洛伊德，你只要记住他发明了一种叫"精神分析"的心理学理论就行，他还写了一本研究梦的书——《梦的解析》。但我不建议你阅读这本书。我认为弗洛伊德讲的很多内容不适合孩子。我的总体意见是，在小学阶段，你需要知道善恶和美丑，应该与不应该，而精神分析揭示出来的潜意识和无意

识的世界，还是暂时不要接触比较好。我记得另一位精神分析大师荣格曾经说过，他在中年以后才慢慢找到进入无意识状态的途径。所以，你还是先无忧无虑地生活，等时机成熟之后再一点点进入那个幽深的精神世界。

现在，我想不妨就以孩子关于梦的困惑为起点，来引入弗洛伊德著名的命题——梦是愿望的达成。下面我试图通过更贴近你、你的生活、你的困惑和你的问题的方式，来进行讲解。

什么叫"梦是愿望的达成"？愿望理解起来很简单，就是你想要做的事情。但"愿望"和"想要"这两个词还是有点儿区别的。这里又

要引入维特根斯坦的"语言是生活的形式"这个基本命题。确实，对很多哲学问题来说，仅仅坐着瞎想是没有意义的，不如从日常生活中常见的一些词汇入手。

想要和愿望的区别是什么呢？想要对应的是很简单、常见的一件事情。你可以想要一个很重要的结果，比如期末考试考一百分。但你也可以想要一个很容易就能得到的东西，比如一支巧克力味冰激凌。你可以在放学后直接冲进超市，一点儿都不费力就能得到它。

愿望就很不一样了。一般来说，愿望很不容易实现，需要很久的时间，很多的努力，而且愿望中的东西对于你来说又是非常重要的。每当你过生日时，有一个关键的环节就是切蛋糕之前的"许愿"，你的愿望要偷偷地在心里说，别人不能听见。你看，愿望就是这样一个隐蔽、珍贵，也很难得的东西，它深深地藏在你心里，或许要过很多年以后才能实现。我小时候许过一个愿——要成为爱因斯坦那样的大科学家，当然，这个愿望后来并没有实现，不过，成了哲学教授好像也不错。

好了，现在你明白愿望是什么了，接下来就要想一想，愿望跟梦有什么关系？这里就涉及你和爸爸妈妈可能都有的一个误解，那就是梦跟现实生活是没有关系的，做梦就是进入另外一个世界——一个假的世界，一个虚幻的、像童话一样的世界。

弗洛伊德的回答恰恰相反，他认为，梦跟现实世界有着非常密切的关系，甚至可以说，梦比现实的世界还要真实，因为在梦里，你会

知道你的愿望是什么，知道你自己是谁。但这样说你肯定就迷糊了，难道做梦就像进入一个从前没去过的地方，这个地方是真实的，就像每天去的学校、超市和公园？并不是这样。要解释清楚这个问题，我们还是从童话或故事开始吧。

我问问你，你觉得童话是什么呢？或许你会脱口而出：童话都是假的，都是骗小孩子的！什么王子公主、骑士巨龙、怪兽精灵，都是瞎编出来的！你说得对！但是我要再问问你，这些瞎编的故事，为什么你听得那么津津有味呢？为什么你明明知道哈利·波特和孙悟空都是假的，还是每次都兴致勃勃地看或者听下去呢？这就说明，这些故事很有趣，很吸引你！

哈利·波特不仅聪明机灵，还勇敢执着，不会轻易地放弃。所以，哪怕故事里的怪物、魔法都是作者编出来的，你还是很喜欢哈利·波特，你想成为他那样的人——有头脑、有个性、有担当，有一天能够站出来拯救世界。所以这么看，童话也不都是瞎编的，里面有真实的东西，而且这些真实的东西是让你喜欢和心动的。

我小时候喜欢看《舒克和贝塔历险记》，现在，你有可能还在读郑渊洁的童话，说明里面有很吸引你的地方。是什么吸引了你呢？或许是舒克和贝塔之间的友谊让你很感动，你也想有个一直陪在自己身边的伙伴，他会跟你一起玩耍，一起成长，一起拯救世界！

现在你明白了，编出来的故事里也有真实的东西，你之所以会读得那么入迷，就是因为这个"真实"的东西很打动你，是你自己很想要但是好像平时又没法得到的。现在你还小，可能还不知道自己未来会成为什么样的人，想做什么样的工作，但是如果你读了一个童话，很喜欢里面的主人公，那这个童话可能就像一面镜子，你在故事里找

到了自己的样子，自己真正喜欢的样子，自己想要成为的样子。

　　其实，弗洛伊德的观点差不多就是这个意思：梦跟童话很像，看上去都是假的，但里面又有很真实的东西，而且这个真实的东西跟你自己、跟你的生活密切相关。你在梦里可以很轻易地飞起来，飞过一排排楼房、飞过山川和树林，能感受到金灿灿的阳光暖暖地照在你的身上，很舒服很自在！但醒了之后，你把这个梦讲给大人听，他们可能会很不以为然地冲你笑笑说："傻孩子，人是不会飞的！你啊，肯定是游戏玩多了吧！"这样说应该也没错，因为梦里的内容，确实有很多来自日常生活。但是，如果你经常梦到自己在飞，而且情节还很相

似，有的时候连续几个晚上都梦见自己在飞，而且重复飞到同一个地方，那里有红色的楼房、金色的树，还有小河和小鸟……这个时候可能你就要想一想，是不是你心里确实有什么愿望，它平时被藏在心里，然后在梦里被释放出来了呢？

愿望在梦里释放出来的方式其实很复杂，这又很像童话。一个好的童话，情节肯定是复杂曲折的，不会在开头就告诉你它想传达给你的道理，而是要让里面的主人公历经千难万险，最后才找到他最想要的东西，并通过这个故事告诉你一个道理。梦也是这样，梦里很多东西也是藏起来的。就像你们平时玩的"躲猫猫"游戏，你要费很大力气才能把藏起来的人找出来，但是当你真正找到的时候，就会觉得很兴奋、很刺激：原来他一直都躲在这里！梦就是这样一场"躲猫猫"游戏。只不过在梦里，你找的不是别人，而是你自己。你有没有发现，梦里的主角永远是你自己，不大可能是别人。而且在梦里，你基本上不可能是观众，不可能像在电影院里那样只是坐着看，而是一定会行动起来，因为梦里发生的所有事情都是"发生在你身上"的。

梦就是这么奇妙！

很多梦呈现出来的愿望是有纵深感的，它有立体的结构，表面的愿望下面还有深层的愿望，愿望是一层层套在一起的，非常复杂。所以，你梦到自己在飞，不是说你真正的愿望就是想飞起来，这也太简单了！

所以，我把哲学讲给你听的真正目的，就是用最简单明白的话来解释那些重要结论背后的论证，要让你"知其然"，但也让你"知其所

以然"，这跟学习别的知识是一样的。比如，把筷子插到杯子里，它看上去弯了，你会问："为什么筷子会弯？"大人不能说："因为筷子插进水里，所以它就弯了。"这等于没解释，但大人又不能把物理教科书拿出来，翻到讲原理的地方让你自己看。大人只能用简单、清晰、生动的方式来给你进行科普，解释光线入水折射的原理。

哲学也是这样。"梦是愿望的达成"是很有道理的一个结论。但如果我直接告诉你，不解释或者自己没能力解释，那最后起到的效果可能恰恰相反。我想告诉你，梦跟生活之间是有真正的关系的，做梦的那三分之一的时间不是虚度的，其实在梦里，你也在生活，在寻找自己。但如果我解释不清楚两者背后的关系，你可能会得出一个很荒谬的结论：做梦就能实现愿望，那还努力什么，我在梦里能考好成绩，那我就不用努力学习了。读完这一部分，相信你会明白，这样的想法是完全错误的，错就错在，它误解了愿望，也误解了弗洛伊德的"梦是愿望的达成"的意思。

一起思考吧

　　挑一个你做过的有关梦想的梦，分析一下梦中你真正的愿望是什么吧。

梦里的我

我们来读两个带点儿玄幻色彩的故事。

我改编了弗洛伊德的大作《梦的解析》里两个著名的梦，主角还是小苏和小德。这两个梦在原书里分别是"爱玛的梦"和"植物学论著的梦"，它们讲述了这样一个基本的道理：梦就像一张大网，它把各种稀奇古怪的东西编织在一起，在这张大网下面，隐藏着你真实的欲望，所以梦可以激发出真实的情感，让你找到自己、认识自己。

好，故事开始了。故事的名字叫《梦里的我》。

　　大家都知道，小苏不仅功课优秀，而且是类地星球上冉冉升起的钢琴小明星，虽然她弹的曲子听起来很简单，也没有什么复杂的技巧，但旋律都很优美，传达出浓厚的感情。有时候，小苏演奏完后，台下还是一片寂静，因为大家听得太入迷，忘了鼓掌和喝彩。

　　今年对小苏来说是丰收的一年，她不仅以优秀的成绩升上了三年级，而且小小年纪的她已经正式发行了第一张专辑，真的太了不起了！她的这张专辑卖得特别好，为了奖励小苏取得的成绩，唱片公司决定举办一场盛大的庆功派对。

　　那天晚上，小苏和家人在一阵阵欢呼声中走进了会场。在庆功会上，她弹了专辑里最受欢迎的曲子《晨光》，还特意给大家读了自己写的一首小诗。整个庆功宴非常热闹，有切蛋糕仪式、签字合影环节，还有摇滚乐队的表演。小苏感觉自己仿佛在梦里一般。

　　那天派对结束已经很晚了，小苏回到家倒头就睡，但她做了一个奇怪的梦。场景是庆功派对，但舞台却空荡荡的，一个人也没有。小苏在舞台上走着，发现很多地方都有"M"这个英文字母，甚至连她那架最宝贝的钢琴上也不知被谁刻上了一个大大的"M"。小苏生气了，她一定要把这个搞破坏的坏蛋给揪出来！

这时候，一个人影从后台慢慢走了出来，是一个小苏不认识的女孩！她穿的是小苏在派对上穿的那件银色礼服，看上去光彩照人。只见她走到钢琴前，自信地坐下来，弹了一首小苏最喜欢的莫扎特的奏鸣曲。琴声就像潺潺的溪水一般从钢琴里流淌出来，回荡在整个大厅。她弹得真是太棒了！小苏心里明白，自己和她比差得很远。一首曲子弹完后，小苏呆呆地站在那里，看着那个女孩站起身来谢幕。这时小苏突然注意到，那个女孩戴的项链上也有一个大大的"M"。

小苏从梦中惊醒了，之后再也没睡着，早上起来眼圈都是黑的。她一直在回想梦中的情节，但怎么也想不起来在哪里见过这个钢琴弹得比自己好的女孩！然后她开始翻自己的抽屉、找日记、看照片，想找出跟这个梦有关系的线索，小苏觉得自己越来越像一个小侦探。直到她翻出了幼儿园的照片，发现一个小女孩穿的银色毛衣上有一个大大的"M"，那是她的好朋友，应该说是竞争对手——小梅，因为无论是歌唱比赛、舞蹈比赛，还是书法比赛，小梅和小苏都在暗地里较着劲，谁也不想输给对方。

　　这样一来，小苏好像终于明白那个梦的意思了。其实梦里的情节就像一个谜语，等着她去猜其中的含义。小梅根本不会弹钢琴，也不可能弹得那么好，但是在梦里她变成了一个陌生的小女孩，来跟小苏竞争！小苏想，这个梦应该是在提醒她自己：千万不能骄傲，千万不要以为自己已经弹得很好，没有对手了。虽然小梅已经去了别的学校，但是自己的身边，还会有很多才艺高超的朋友，自己一刻都不能松懈，要不断努力才行！这么一想，小苏觉得这个梦其实还挺有意思的，比那个闹哄哄的派对更有意思。因为在这个梦里，小苏知道了自己心里真正的想法，她是在梦里提醒自己：继续努力下云！

　　在小苏梦到小梅的那个晚上，小德也做了一个奇怪的梦。在小德的梦里，他坐在一个巨大的图书馆里，读着一本厚厚的大书，书页好像是羊皮纸做的，上面还积了很多灰。这本书很好看，几乎每一页都有彩色的植物插画，只不过，这些植物都是小德从来没有见过的，比

如，有一种植物开出的红色小花像一串串灯笼一样垂下来。在自然星球上，他从来没有见过这么古怪的花。而且书里的字他一个也不认识，看上去就像一排排黑色的爬虫，缠在一起，小德一下子就醒了。

醒来以后小德就开始琢磨，那本又老又旧的带彩图的书是怎么回事？上面红色的灯笼花和黑色的字又想告诉他什么呢？

小德不知不觉地走出了院子，走过小溪，穿过小树林。耳边的风声和鸟鸣他好像都听不见了，脑子里全都是一串串的灯笼，一排排的黑色小虫。村子里的那座寺庙门口不就挂着一串红色的灯笼吗？那么，灯笼在这个梦里的意思跟寺庙有关系吗？在过节的时候，寺庙里经常会举行各种各样的仪式，大家都会烧香拜神，然后有一排排的蜡烛插在黑色的架子上，好像确实有点儿像一排排的黑色小虫……但是，小德一点儿都不喜欢参加那些仪式，总是找理由逃出去玩。难道这个梦是提醒他要经常去庙里？好像也不对。

既然这条路走不通，那换一条路再试试吧。这次从黑色的字开始。其实小德一看到这些整齐的文字，就想到了田地里那一行行整齐的庄稼。这样倒是说得通，但是那些红色的灯笼又怎么解释呢？是不是菜园里种的红彤彤的小番茄？难道是提醒小德，要经常注意田里的庄稼和菜园里的蔬菜，要给它们浇水施肥，尤其是最近虫灾挺厉害的，庄稼和蔬菜都很容易遭殃。但是这么解释，这个梦好像又太简单了吧！

这么解释的话，这个梦就是他白天一直在想的事情，在晚上变成了各种各样不同的形象重新串起来了。梦就像一张大网，把看起来没关系的事情连在一起，然后又用很奇怪的形象呈现出来。我们每个人都像织网的人，每天晚上就开动脑筋，把白天的各种事情用有趣的故事编织起来。从灯笼到寺庙，再到寺庙里的仪式；或者从黑色的字到田里的庄稼，再到菜园里的小番茄。我们每天晚上都坐在巨大的"织梦机"前，织出一张张图案复杂、色彩绚丽的毯子。

这样想着，小德好像觉得这个图书馆的梦已经没什么意思了。突然，一个穿着褐色大衣的人悄无声息地从他身边经过，小德转过身，发现这个走过的人是村里的女巫。她经常笑眯眯地给孩子们讲故事，但有时候神神道道的，会说一些奇奇怪怪的话。小德注意到，女巫的脖子上就挂着一串项链，形状跟梦里看到的那串红色灯笼花一模一样！难道是她？小德越来越好奇了，于是就决定跟在女巫的身后。女巫好像知道了什么，冲他笑笑，小德觉得那张布满皱纹的脸看起来很慈祥，一点儿也不可怕，他跟着女巫走进了她的那间小屋子。

女巫房间的架子上放着一排排黑色的罐子，里面装的是女巫旅行时从各地带回来的石头，看起来很像梦里的黑色文字。虽然小德还不明白这是什么意思，但他的梦或许在告诉他：要勇敢地走出自己的小世界，去未知的世界探险！也许这才是他真正想对自己说的！